이원수 선생님이 들려주는

# 을지문덕

이원수 글 · 허구 그림

산하

| 들어가는 말 |

# 우리 민족의 기상을 떨친 을지문덕

을지문덕 장군은 우리나라 역사를 빛낸 뛰어난 어른이요, 길이 자랑할 애국자입니다.

을지문덕은 고구려의 한 가난한 집안에서 태어나, 어릴 때부터 외국의 침범이 잦은 나라의 사정을 알고 분하게 생각했습니다.

다섯 살에 마을 경당에 들어가 공부를 하다가 불과 열 살에 뛰어난 무예 솜씨를 인정받았고, 다시 산에 들어가 훌륭한 스승을 만나 10년 동안 글과 무예를 배웠습니다.

을지문덕은 힘을 쓰는 방법을 배우는 데 그치지 않고, 어떤 곳에 무예를 쓰며 어떤 일에 목숨을 바쳐야 옳은가에 대해서 깊이 생각하며 자란 것이었습니다.

그즈음 우리나라는 신라·백제·고구려 세 나라로 갈라져 있었으

며, 같은 겨레끼리 싸우는 일이 많았습니다.

　그렇지만 을지문덕 장군은 우리 겨레가 아닌 외국, 즉 고구려를 넘보고 침략해 온 수나라를 미워하고 그들의 야망을 꺾기 위해 싸운 장군이었습니다.

　을지문덕 장군이 수나라 백만 대군을 쳐 물리친 것은 동서양을 통틀어 그 유례를 찾아보기 힘든 일입니다. 적은 군사로 그 많은 군사를 여지없이 무찌른 이야기는 통쾌하기 그지없습니다.

　그러나 여기에 그치지 않고, 우리는 을지문덕 장군의 지혜와 애국의 충정을 더욱 깊이 배우고 높이 받들어야 하겠습니다.

이원수

| 차 례 |

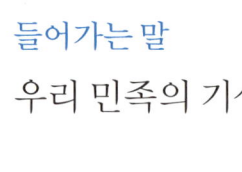

들어가는 말
우리 민족의 기상을 펼친 을지문덕 ● 02

을지문덕의 출생 ● 06

산에 들어가다 ● 22

오재와 십과 ● 33

스승과 이별하고 ● 40

국난 ● 46

선비족의 침입 ● 54

을불 공자 ● 61

을지 대장군 ● 69

작전 계획 ● 77

왕에게 전술을 아뢰다 ● 86

수 양제 ● 92

낭사요 ● 98

싸움은 시작되다 ● 103

수군 총관 내호아 ● 114

신경전 ● 122

적진에 들어간 을지 대장군 ● 127

기이한 인연 ● 133

살수 대전 ● 142

양제의 재침과 을지 대장군 ● 151

# 을지문덕의 출생

석다산 근처에 있는 조그마한 마을······.

돌마을(지금의 평안남도 평원군 한천 부근)이라 불리는 이 마을에 한 아기가 태어나려 하고 있었습니다. 그러나 산모는 아기를 낳지 못하고 벌써 한 달째 고생하고 있었습니다.

남편은 어쩔 줄 몰라 허둥대고 있다가, 때마침 사립문 밖으로 지나가는 스님을 보고 급한 마음에 뛰어나가 절을 하며 애원했습니다.

"스님, 말씀드리기 어렵소이다만, 다 죽게 된 사람 하나를 구해 주실 수 없겠습니까? 제 아내가 난산으로 생명이 위급합니다."

"예. 도와 드리지요."

스님은 마치 그런 일이 있을 것을 미리 알고 오기라도 한 듯이 두 손을 모으고 대답했습니다. 그러고는 집 앞에 서 있는 버드나무 앞으로 가서 공손히 절하고는 잠시 몇 마디 경문을 외웠습니다. 그리고 스님은 버드나무 가지 하나를 꺾어 남편에게 주며 말했습니다.

"이 가지를 산모가 있는 방에 갖다 놓고 축원을 하시오. 그러면 부처님이 도와 주시리다."

스님이 길가 돌 위에 걸터앉아 있는 동안, 남편은 그 버드나무 가지를 가지고 아내의 방에 들어가 부처님께 빌었습니다.

그러자 참으로 놀랍게도 아내는 어렵지 않게 아기를 낳았습니다. 잘생긴 아들이었습니다.

"대사님, 아기를 낳았습니다. 그렇게도 못 낳아 고생을 하더니……"

남편은 스님에게 절하며 감사의 인사를 했습니다.

"훌륭한 아기를 낳았으니 뒷날 큰 인물이 되도록 잘 기르시오. 삼칠일에는 아기를 보러 오리다."

이 말을 마치고 스님은 멀리 솟아 있는 석다산을 향해 바람같이 떠나갔습니다.

아기를 갖게 된 남편은 을지 씨요, 부처님의 은혜를 받아 순산하게 해 준 스님은 파야 대사였습니다.

아기가 태어난 지 21일째 되는 날, 파야 대사는 약속대로 을지 씨 집에 찾아와서 아기를 보며 말했습니다.

"이 아기가 자라거든 공부를 잘 시키시오. 다섯 살이 되거든 경당(글과 무예를 가르치는 곳)에 보내야 합니다."

"예, 명심하겠습니다."

파야 대사는 아기의 이름을 문덕(文德)이라 지어 주고, 즐거운 마음으로 돌아갔습니다.

세월이 흘러, 문덕 아기는 어느덧 다섯 살의 생일을 맞이했습니다. 총명하고 영특한 아기였습니다.

문덕의 어머니는 생일상을 차려 놓고 아버지에게 말했습니다.

"우리 문덕이를 경당에 보내야 하지 않아요?"

"파야 대사께서도 다섯 살이 되거든 경당에 보내라고 당부하셨으니, 공부를 시켜야지요. 하지만 학비가 걱정이구려."

"우리가 굶는 한이 있더라도 공부는 시켜야 해요."

"그렇지! 그래야지!"

이렇게 해서, 문덕은 그 이튿날로 마을 경당에 들어가게 되었습니다.

경당의 선생님은 아이들을 가르치는 데 퍽 엄격했습니다. 힘에 겹게 한꺼번에 많은 것을 가르치지 않는 대신, 게으름을 피우거나 시키는 말을 듣지 않을 때에는 눈에서 불이 나도록 호되게 꾸짖었습니다. 그리고 글자의 뜻을 완전히 익히고 쓸 수 있을 때까지 다른 글자를 가르치지 않았습니다.

활 쏘는 법을 가르칠 때에도 활을 잡고 서는 자세부터 시작했습니다. 아이들은 어서 활을 쏘아 보고 싶어 안달이 났지만, 활 쥐는 법, 화살 메기는 법, 몸의 자세를 바로 하는 법을 공부하는 데에도 여러 날이 걸렸습니다.

문덕은 선생님이 시키는 대로 꼬박꼬박 열심히 공부했습니다.

1년이 지나고 2년이 지나자, 문덕의 글재주와 무예 솜씨는 뛰어나게 늘어 갔습니다. 선생님이 한 번 말씀하시면 이를 잊지 않았고, 한 가지를 배우면 그것과 관계되는 여러 가지 이치를 스스로 깨달았습니다.

　무예에서는 활쏘기, 칼쓰기, 창쓰기, 장치기(공치기의 한 가지), 돌던지기, 목마타기 등을 차근차근 배워 나갔습니다.

　글과 무예 외에도 예절을 배우고, 때때로 나라에서 정해 놓은 여러 가지 제사에 참여하여 제사를 지내는 까닭과 정신을 알고 그 법식을 배웠습니다.

　정월에 지내는 새해 제사, 2월의 선농제(농사가 잘되게 비는 제사)와 마조제(말의 수호신에게 드리는 제사), 6월에 토지신에게 지내는 중류제, 10월 초사흗날의 개천제 등에 참여했으며, 동맹 대회에도 나갔습니다.

　문덕이 열 살 되던 해의 10월 초사흗날이었습니다. 이날은 개천제를 올리는 날입니다. 문덕은 개천제에 참여하고 나서, 뒤이어 열리는 동맹 대회에 나갔습니다.

　동맹 대회에서는 무술을 겨루는 행사를 벌여 흥을 돋우고, 무술이 뛰어난 사람을 골라 상을 주었습니다.

　문덕은 경당에서 배운 여러 가지 재주를 남과 겨루어 보려고 이 경기에 나간 것입니다.

활쏘기, 말달리기, 씨름, 장치기 등의 경기장이 따로따로 있었습니다. 여러 가지 경기 중에서도 활쏘기와 말타기는 가장 중요한 것이어서, 많은 사람들이 모여들어 지켜보고 있었습니다.

문덕은 활쏘기 시험장에서 우선 선생님에게 활 쏘는 자세에 대해 다시 한 번 주의를 받으려고, 활을 들고 일일이 여쭈어 보았습니다. 활 쏘는 자세를 하나하나 해 보이며 틀린 데가 없는지를 물어보고서야 마음을 놓았습니다.

이윽고 모든 것이 완전함을 확인한 다음, 시합장에 들어서는 열 살짜리 궁수(활을 쏘는 사람)에게 시험장을 가득 메운 구경꾼들의 눈길이 쏠렸습니다.

"저 아이는 너무 어리군. 저런 아이가 어떻게 장정들을 대적하려는 것일까?"

"솜씨가 예사롭지 않은 모양이지?"

"저 아이는 농부 을지 씨의 아들인데, 무술 재주가 여간이 아니라네."

구경꾼들의 이런 수군거림을 알 바 없는 문덕은 가슴을 쫙 펴고 시합장에 나섰습니다.

활쏘기 경기가 시작되었습니다. 과녁은 골짜기 건너 저편 언덕에 세워져 있었습니다. 북소리가 둥둥, 부푼 가슴을 울렸습니다.

몇 사람이 차례로 화살을 날렸습니다. 화살은 가을날 맑은 공기를 뚫고 날아갔습니다. '퉁!' 하고 울려 오는 소리. 그러나 과녁을 바로 맞히지는 못했습니다. 또 화살이 날아갔습니다. '텅!' 하고 살 맞는 소리. 그러나 이번에도 정통으로 맞히지는 못했습니다.

날아가는 화살은 과녁에서 동으로, 서로, 위로, 아래로 가까운 언저리에 박히기 일쑤였습니다.

구경꾼들은 발뒤꿈치를 들었다 내렸다 하며 아쉬워했습니다. 몇 번 만에 한 번 과녁을 정통으로 맞히면 환호성이 일어났습니다. 그러나 환호성보다는 아까워하는 소리가 더 많았습니다.

"이번 궁수는 을지문덕, 을지문덕이오."

선수를 소개하는 소리가 우렁차게 들려 왔습니다. 문덕은 활을 당겨 시위를 팽팽히 하였습니다.

'저 꼬마가······?'

모든 사람이 숨을 죽이며 뚫어지게 문덕을 바라보았습니다.

문덕이 팽팽히 당긴 살을 놓았습니다. 화살이 시위를 떠나자, 사람들의 눈길이 살을 쫓아갔습니다.

이상한 일이었습니다. 문덕의 화살은 빨리 가는 듯하다가는 느려지는 것 같고, 느린 듯하다가는 중간에 떨어지는 것 같더니, 번개같이 날아 과녁을 향해 돌진하는 것이었습니다.

'탕!' 하는 소리와 동시에 화살은 과녁을 정통으로 맞혔습니다.

"야아, 정말 주몽(고구려의 시조)의 활이다!"

구경꾼들은 감탄하여 소리쳤습니다.

"이상한 일이야. 살이 날아가는 품이 벌써 예사 화살이 아니었어."

"저런, 어린아이의 솜씨가 놀라워."

북소리와 나팔 소리가 신나게 울렸습니다.

두 번째, 세 번째⋯⋯.

날려 보내는 화살마다 과녁을 맞혀 뭇사람을 열광시키는 문덕이었습니다.

그날의 활쏘기에서 제일 큰 상을 받은 사람은 을지문덕이었습니다. 을지문덕의 이름은 그날 비로소 돌마을뿐 아니라 인근 각처 사람들의 입에 오르내리고 머리에 새겨졌습니다.

다음 경기는 말달리기였습니다.

활쏘기 구경을 한 사람들이 말달리기 경기장으로 몰려가고 있었습니다. 이 사람들 가운데에 초라한 옷차림의 부부도 기쁨에 찬 얼굴로 급히 가고 있었습니다. 을지문덕의 아버지와 어머니였습니다.

어려운 살림에서도 문덕을 경당에 보내어 공부를 시켜 온 부부는, 오늘 활쏘기 시합장에서 아들 문덕이 당당히 일 등을 차지하는 것을 보았습니다. 그래서 의기양양해서 싱글벙글하며 다시 말타기 경기를 보러 가는 것이었습니다.

문덕은 말달리기 시합장에 들어서자 사방을 둘러보았습니다. 넓은 경마장 한가운데에 말 잔등에 우뚝 앉은 한 소년이 있었습니다. 소년의 몸도 좋아 보였지만, 타고 있는 말도 날쌔어 보였습니다.

구경꾼들의 수군거리는 소리가 들렸습니다.

"오늘 말타기에는 서문수 도령이 상을 받게 되겠지?"

"그야 서문수의 마술(말을 타는 기술)에는 대적할 사람이 없을 테니까······."

서문수라는 말을 듣고 문덕은 속으로 '어른도 당하지 못한다는 서문수와 겨루게 되었구나!' 하고, 다시금 말 탄 소년을 바라보았습니다.

그 소년이 서문수인 것 같았습니다. 소문에 따르면 문덕보다는 여덟 살이나 위요, 열 살도 되기 전부터 말타기를 잘하여 해마다 동맹 대회에서 상을 받았다는 무서운 소년이었습니다.

어릴 때부터 이름을 날린 서문수입니다. 지금은 18세의 건장한 젊은이로, 그동안 익힌 마술이 여간 능하지 않을 것입니다. 그런데 문덕은 이제 처음으로 말달리기 시합에 나온 어린 소년입니다. 과연 서문수와 맞서서 싸울 수 있을지, 문덕은 역시 가슴이 떨렸습니다.

그러나 문덕은 다시 생각했습니다.

'아무리 나이가 위요, 전부터 말타기를 잘한 사람이라 할지라도, 내가 배우고 익힌 마술이 바로 배운 것이고 내 솜씨가 무디지

않다면, 나이가 어리다 해서 반드시 뒤질 것은 없지 않은가!'

문덕은 말달리기에 온 정신을 기울여 공부해 왔습니다. 스승의 가르침을 단 하나도 소홀히 하지 않았고, 가르쳐 주는 대로 행해서 스승의 힘을 곧 자기의 힘으로 만들려고 애써 온 것입니다.

문덕은 말들이 있는 곳으로 가서 자기가 탈 말 두 필을 골랐습니다. 한 마리는 검은 말이고, 다른 한 마리는 검푸른 말이었습니다.

두 마리의 말이 모두 사나워 보였습니다. 웬만한 사람이면 타지 않으려 할 그런 말들이었습니다.

경기장에는 오늘 가장 인기 있는 서문수가 나와서 자기와 맞붙게 될 선수가 나오기를 기다리고 있었습니다. 그러나 많은 시합자 중에서 서문수에게 선뜻 나서는 사람은 없었습니다.

그도 그럴 것이, 서문수는 이미 모르는 사람이 없을 만큼 말타기의 명수였기 때문입니다. 그러니 이 사람과 맞서서 경기를 했다가는 여지없이 지고 말 것 같아, 모두 그의 적수가 되기를 꺼렸습니다.

서문수는 말을 타고 사방을 향해 소리쳤습니다.

"나오시오! 빨리 나오시오!"

그러나 아무도 서문수 앞으로 나서는 사람이 없었습니다.

"나올 사람 없소?"

이때, 을지문덕이 말 두 필을 몰고 경기장으로 들어갔습니다.

"아니, 서문수 도령의 적수가 저 어린애야?"

"허어, 오늘 시합은 너무 싱겁겠는데……."

"그래도 알 수 없지. 문덕이란 아이가 활쏘기에서 일 등을 하지 않았소?"

"그래도 활쏘기와 말타기는 다르단 말이오."

구경꾼들의 수군거림과는 달리, 문덕은 침착하게 서문수 앞으로 나아가 겨루자는 목례를 했습니다.

서문수는 너무 어린 적수라 신이 나지 않는 듯한 얼굴로 관중을 한번 둘러보고는, 문덕의 말과 말 머리를 나란히 했습니다. 이윽고 말타기가 시작되었습니다.

늠름하게 생긴 서문수와 나이 어린 을지문덕의 모습은 뭇사람의 호기심을 끌었습니다. 과연 저 어린 문덕이 말타기에 뛰어난 솜씨를 가진 서문수를 당해 낼 수 있을 것인가, 궁금하기 짝이 없는 일이었습니다.

경마장을 한 바퀴 돈 서문수가 말에 채찍질을 했습니다. 말이 빨리 달리기 시작했습니다.

그러자 문덕도 채찍질을 하여 말을 빨리 달리게 해 놓고는 말에서 훌쩍 뛰어내려, 자기 말의 뒤를 따라 달렸습니다.

그러자 서문수는 말 등에 서서 달리기 시작했습니다. 이를 본 문덕은 맨몸으로 달리는 자기 말 등에 훌쩍 뛰어올라, 팔다리를 쩍 벌리고 드러누웠습니다.

말 등에 누워서 달리는 것입니다.

와르르 박수 소리가 쏟아졌습니다. 이를 본 서문수가 재빨리 자기도 문덕처럼 말 등에 누우려 했습니다. 이를 본 문덕은 벌써 일어나 말 등에 두 팔을 짚고 물구나무를 섰습니다.

아슬아슬한 재주에 관중은 박수 치는 것도 잊고 손에 땀을 쥐었습니다.

문덕이 거꾸로 서서 달리는 것을 본 서문수가 자기도 말 위에 거꾸로 서려 하자, 문덕은 말 등에서 왼쪽으로 미끄러져 내리다가는 휙 다시 오르고, 오른쪽으로 미끄러져 내리다가는 휙 다시

오르고 하면서 달렸습니다. 그 솜씨와 몸놀림이 사람의 재주 같지 않았습니다.

"야아, 어린아이가 저렇게도 능할 수가 있나!"

"놀라운 일이야!"

서문수는 이미 문덕에게 한 발 뒤지고 있었습니다. 조금 뒤, 문덕은 검푸른 빛깔의 말까지 끌어내어 두 필의 말 등 위를 이리저리 나는 듯이 옮아다니며 달렸습니다.

우레 같은 박수 소리가 경기장을 뒤흔들었습니다.

"을지문덕 만세!"

"고구려의 일등 명수다!"

징징······.

징을 치는 소리가 났습니다. 승부가 결정된 것이었습니다.

을지문덕은 이제 돌마을의 을지문덕이 아니었습니다. 온 나라에 이름을 떨치게 될 고구려의 을지문덕이었습니다.

# 산에 들어가다

　을지문덕은 무술이 뛰어난 소년으로 세상에 알려져서, 가난한 아버지와 어머니의 마음을 더없이 기쁘게 해 드렸습니다.
　일생을 농사일만 하며 살아온 아버지와 어머니였습니다. 그러나 이제 아들의 이름이 세상에 알려지고 나니, 자랑스럽게 얼굴을 쳐들고 다닐 수 있었습니다.
　그러나 이런 일로 만족해서는 안 된다는 것을 아버지와 어머니, 아들이 똑같이 느끼고 있었습니다.
　문덕은 이제부터 더 많은 공부를 해서 고구려의 훌륭한 인물이 되어야 한다고 결심했습니다.

아버지는 문덕에게 말했습니다.

"이제 네 이름이 세상에 널리 알려졌으니. 앞으로 더욱 열심히 공부를 해서 다른 사람들이 실망하지 않도록 해야 한다. 그래서 우리 을지 씨 가문을 온 세상에 빛내도록 해라."

"아버지. 저는 우리 집안을 빛내는 일보다 고구려를 빛내는 일을 하려고 마음먹고 있어요."

문덕의 이 말에 아버지는 적이 놀랐습니다. 아들에게 벌써 그런 큰 생각이 들어 있는 것을 알고는 머리를 쓰다듬으며 말했습니다.

"잘 생각했다. 집안보다 나라를 위해 쓸모 있는 사람이 되어야지."

"꼭 그렇게 되고 싶습니다."

문덕이 이렇게까지 나랏일을 생각하게 된 데에는 그럴 만한 까닭이 있었습니다. 그는 경당에서 무예와 글만 배운 것이 아니라. 나라의 역사와 형편에 대해서도 배웠던 것입니다.

문덕은 그런 공부에서 고구려가 너무나 많은 전쟁을 겪었다는 사실을 알았습니다. 역대 임금 때마다 난리를 겪어 백성들의 고생이 이루 말할 수 없었다는 것을 알았습니다.

그 숱한 난리는 거의 모두 중국 땅에서 비롯된 것이었습니다. 너무나도 잦았던 한족(중국의 중심이 되는 종족) 침범의 역사를 알게 된 문덕은 참으로 분하고 원통하여 견딜 수 없었습니다.

한족뿐이 아니었습니다. 선비족(만주 지방에 살던 민족)이나 신라, 백제와 싸워야 할 때도 많았습니다.

이러한 역사를 알게 된 을지문덕은 이것이 모두 고구려가 튼튼한 나라가 되지 못한 까닭이요, 외적을 보기 좋게 물리칠 힘이 없기 때문에 적이 얕보고 덤벼든 것이니, 이런 고구려를 튼튼한 나라로 만들어야겠다는 생각이 간절했던 것입니다.

을지문덕은 이런 결심으로 공부를 더욱 열심히 했습니다. 그러던 어느 날, 경당 선생님이 뜻밖의 말을 했습니다.

"문덕아, 너는 이제 내게서 더 배울 것이 없다."

문덕은 놀란 얼굴로 물었습니다.

"선생님, 그게 무슨 말씀이십니까?"

"너는 다른 아이들이 십 년 배울 것을 그 반도 안 되는 동안에 다 배웠으니, 이제부터는 다른 선생을 찾아가서 배우도록 하여라."

"어디로 가서 배우라는 말씀이십니까?"

"어디든지 가서 스승을 찾아보아라. 반드시 좋은 분을 만나게 될 것이다."

문덕은 선생님의 말씀에 굳은 결심을 했습니다. 두려워할 것 없이 어디든지 스승을 찾아가 보기로 했습니다.

"선생님, 고맙습니다. 앞으로 더 글을 배우고 무예를 닦아서 선생님의 은혜에 보답할 수 있는 사람이 되겠습니다."

을지문덕은 선생님께 공손히 절을 했습니다.


며칠 뒤, 문덕은 아버지와 어머니에게 하직 인사를 하고 정처 없이 집을 떠났습니다.

문덕은 멀리 우뚝 솟은 석다산을 향해 갔습니다. 우선 이 산에 들어가서 잠시 마음을 깨끗이 하고, 갈 곳을 생각해 보기로 한 것입니다.

석다산은 가까운 듯하면서도 멀었습니다. 마을을 몇 개나 지나 작은 산을 돌고 고개를 넘고 해서 겨우 석다산에 이르렀습니다. 좁다란 산길을 따라 산골짜기로 들어가 점점 높은 곳으로 올라갔습니다.

이윽고 한 곳에 이르니 큰 바위의 벼랑이 있는데, 그 벼랑에 큼직한 굴이 하나 뚫려 있었습니다. 문덕은 그 굴속을 들여다보았습니다. 깊지는 않으나 방같이 생긴 굴이었습니다. 벽에는 이끼가 끼고 향긋한 풀 냄새가 풍겼습니다. 무언지 모르게 신령스런 기운이 떠도는 것 같았습니다.

문덕은 굴 안에 단봇짐(아주 간단하게 꾸린 하나의 봇짐)을 내려놓고 바위 바닥에 꿇어앉았습니다. 거룩한 산의 정기가 굴속에 가득 서려 있다고 생각하니, 저절로 머리가 숙어졌습니다.

문덕은 이 굴을 집으로 삼고, 여기서 얼마 동안 조용히 수양을 하며 무예를 닦으리라 생각했습니다. 문덕은 잠잘 자리를 만들고, 밥을 먹을 준비도 했습니다. 그러고는 경당에서처럼 자세를 바르게 하고 책을 읽었습니다.

고요한 산속에 골짜기를 흐르는 개울물 소리와 먼 산등을 불어 가는 솔바람 소리가 은은히 들려, 문덕은 참으로 다른 세상에 온 듯한 기분이었습니다.

밤이 되니 어디선가 들려오는 짐승의 울음소리가 무서움을 느끼게 했지만, 날이 갈수록 무서운 생각은 사라져 버렸습니다.

문덕은 글을 읽고 무예를 익히며, 산줄기를 타고 돌아다니기도 했습니다. 그러나 한 달이 가고 두 달이 가니, 혼자서 이러고만 있어서는 안 되겠다는 생각이 들어 어서 스승을 찾아야겠다고 마음먹었습니다.

문덕은 굴 안에 꿇어앉아 신령님께 빌었습니다.

"산신님이시여. 저는 어디로 가야 하오리까? 나라를 위해 일할 수 있는 몸이 되고자 하오니. 저의 스승을 찾게 해 주옵소서."

이렇게 오래도록 빌고 있노라니. 감았던 두 눈꺼풀이 무슨 무거운 힘에 내리눌리는 것 같고. 몸은 허공에 둥둥 떠 있는 것처럼 느껴졌습니다.

"저는 어디로 가서 배워야 하옵니까?"

문덕은 혼자 이렇게 중얼거리고 있었습니다.

그러다가 좀 더 큰 소리로 말했습니다.

"스승님은 어디에 계십니까?"

"이 산에 있느니라."

산신령의 대답이 귓가에 들렸습니다.

"제가 가르침을 받을 수 있겠습니까?"

문덕은 떨리는 소리로 말했습니다.

"무엇을 배우려 하는고?"

"나라를 위해 일하는 훌륭한 일꾼이 되고 싶습니다. 가르쳐 주실 선생님을 모시고 싶습니다."

"허허허허……."

갑자기 귀를 울리는 큰 웃음소리에 문덕은 눈을 번쩍 떴습니다. 문덕은 앞에 웬 나이 많은 어른이 서 있는 것을 보고 깜짝 놀랐습니다.

"어린 나이에 하는 소리가 맹랑하구나. 나라를 위해 일할 일꾼이 되겠다고?"

문덕은 벌떡 일어나 그 어른에게 절을 했습니다.

"돌마을에서 온 을지문덕이옵니다."

"을지문덕이라고? 무예로 이름이 난 소년이 바로 너란 말이냐?"

"황송하옵니다. 경당에서 배운 바 있어 활쏘기와 말달리기를 약간 익힌 터이오나. 저의 무예로는 언제나 적의 침범을 받고 있는 고구려를 지키기 어려운 바이옵기에⋯⋯."

"그래서 스승을 찾는단 말이냐?"

"예. 그러하옵니다."

"기특한 일이로다."

그 어른은 문덕의 빛나는 눈을 들여다보았습니다.

문덕은 이 어른이 산신령께서 만나게 해 주신 스승이라고 생각했습니다.

"선생님, 저를 가르쳐 주십시오."

"너의 생각이 곧고 나라를 생각하는 마음이 갸륵하니, 내게서 배우는 것을 막지 않겠다."

"고맙습니다. 저를 이끌어 주십시오. 그런데 선생님은 어디 계시는 어른이십니까?"

"내 머무는 곳이 일정치 않으나, 지금은 이 산에 있느니라. 내 이름은 우경이다. 이제 일어나서 나와 함께 가자."

문덕은 아버지를 따라나서듯, 미덥고 푸근한 마음으로 굴을 나와 우경 선생을 따라갔습니다.

우경 선생은 유명한 도사였습니다. 그는 신선의 도를 깨친 사람으로 무예에 대해서도 깊이 연구한 바 있어, 문덕을 가르치기에 다시없는 스승이었습니다.

우경 도사는 석다산 속에 조그만 초막(풀이나 짚으로 지붕을 이은 집)을 짓고 살고 있었습니다. 그날부터 문덕은 우경 도사의 제자로서 함께 먹고 자며 공부를 하게 되었습니다.

우경 선생은 글과 무예를 가르치면서도 그 근본 정신에 더 중점을 두었습니다. 문덕도 이때까지의 공부보다 더욱 정성을 다하여 우경 선생의 가르침을 받았습니다.

# 오재와 집과

우경 도사는 캄캄한 밤중에 문득 혼자서 깊은 산 험한 길을 걸어 고개를 넘게 하기도 했습니다.

캄캄한 밤에 깊은 산 고갯길을 올라가다 보면 눈앞에 무엇이 있는지도 알 수 없는데, 어디선가 사나운 짐승들의 울음소리가 들려오면 등골이 오싹했습니다. 그런 고갯길을 넘어갔다가 다시 넘어오는 일은 무섭기 짝이 없는 일이었습니다. 어린 소년이었던 문덕도 처음에는 두려운 마음에 많이 떨었습니다.

하지만 문덕은 점차 무서움을 이겨 내고 스승이 시키는 대로 태연하게 되었습니다.

하루는 밤중에 산을 넘다가 비를 만났습니다. 빗소리와 바람 소리가 요란한데, 캄캄한 하늘에는 검은 구름이 몸부림치며 흐르고 있었습니다.

문덕은 은근히 두려운 생각이 들었습니다. 그러나 곧 우경 도사의 말씀을 떠올렸습니다.

'천지에 나를 이길 자 누구인가?'

'내 일찍이 누구에게 죄를 짓지 않았으니, 내게 적이 있을 리 없다.'

사실, 문덕이 누구를 해치려 한 적이 없으니 아무도 두려워할 것이 없었습니다.

'그러나 호랑이가 나를 해치려 한다면⋯⋯ 해치기 전에 내가 먼저 때려눕힐 것이다.'

이런 생각을 하니, 무섭던 산길이 마치 자기 집 뜰 안 같았습니다.

"그 무엇이든 나를 해치려는 자는 와 보라. 내 능히 그를 쓰러뜨려 보이리라!"

이렇게 중얼거리며 산모퉁이를 돌아가는데, 앞쪽에 시퍼런 불덩이 두 개가 나란히 빛나고 있었습니다.

문덕은 그것이 호랑이의 눈빛임을 알았습니다. 등골이 서늘해졌습니다. 그러나 이내 마음을 가다듬고 아랫배에 힘을 주었습니다. 그러고는 태연히 걸어갔습니다.

'내가 무엇 때문에 한 마리의 짐승을 두려워할 것이냐?'

시퍼런 불은 꼼짝 않고 걸어가는 문덕을 지켜보고 있었습니다. 문덕은 아무 일 없이 스승에게 돌아올 수 있었습니다.

우경 도사가 문덕에게 물었습니다.

"길에서 혹시 무얼 만나지 않았느냐?"

"호랑이를 만났습니다."

"놀라지 않았느냐?"

"저는 놀라지 않았습니다만. 짐승이 저를 보고 놀랐는지는 모르겠습니다."

"만일 그 짐승이 달려들면 어떻게 할 생각이었느냐?"

"제가 해를 입기 전에 그 짐승을 쳐서 물리치려고 했습니다."

"네게 그럴 힘이 있단 말이냐?"

"힘이란 필요에 따라 생길 수 있다고 생각합니다."

"옳은 말이다. 용기 있는 사람은 용기 없는 사람 열이나 백을 대항해서 이길 수 있느니라."

을지문덕은 우경 선생에게서 이러한 용기를 배웠던 것입니다. 용기라는 것은 우경 선생이 가르치는 다섯 가지 중요한 덕성 중의 하나였습니다.

그 다섯 가지란 용기와 지혜와 어짊과 믿음과 충성으로, 이것들을 가리켜 오재(五材)라고 했습니다. 우경 선생은 이 다섯 가지를 장수가 될 사람이 마땅히 갖추어야 할 덕이라 했습니다.

장수는 용감해야 하며, 용감하면서도 지혜로워야 한다고 했습니다. 지혜 없는 사람의 용기란 실로 어리석은 용기요, 남에게 이로움을 주지 못할 뿐 아니라 자기 자신도 망치는 만용이 되는 것이라 했습니다.

용기와 지혜를 갖추면 적을 누르고 승리할 수 있겠지만, 그것만으로는 부족합니다. 장수는 어진 마음이 있어야 합니다. 어진 마음이 없는 장수는 적을 물리치고 승리를 거둘 수는 있겠지만, 그것이 진실로 백성을 복되게 하는 승리가 되지 못할 것이니 한갓 무서운 무력에 지나지 않습니다. 어진 사람은 자기의 용기와 지혜를 모든 사람의 행복을 위하여 쓸 줄 안다고 했습니다.

믿음이란 마음의 곧음을 말하는 것으로, 거짓을 물리치고 양심대로 행하여 남을 속이지 않는 것이라고 했습니다. 이러한 용기, 지혜, 어짊, 믿음을 갖추어 장수로서 옳은 일을 할 때에는, 그 모든 노력을 충성스런 행동으로 옮겨야 한다고 했습니다. 나라를 위하여 충성스런 마음이 없다면, 모든 공도 목적을 잃은 것이 되기 쉽습니다. 그러므로 충성심에서 우러나오지 않는 행동은 값어치 없는 것이라고, 우경 선생은 문덕에게 간곡히 일러 주었던 것입니다.

우경 선생은 십과(十過)라는 것도 가르쳐 주었습니다. 오재가 장수가 될 사람이 반드시 갖추어야 할 다섯 가지 덕성이라면, 십과는 마땅히 조심해야 할 열 가지 일이었습니다.

첫째, 목숨을 경솔히 하는 일
둘째, 마음이 조급한 일
셋째, 재물에 욕심을 부리는 일
넷째, 남의 허물을 용서하지 아니하는 일

다섯째, 겁이 많은 일

여섯째, 믿음이 약한 일

일곱째, 남을 사랑할 줄 모르는 일

여덟째, 마음이 풀어지는 일

아홉째, 제 마음대로 이랬다저랬다 하는 일

열째, 남을 함부로 부리는 일

문덕은 십과를 또한 마음 깊이 새겨 항상 자기의 행실을 돌이켜보고 반성하며, 우경 선생의 가르침에 어긋나지 않으려고 애썼습니다.

# 스승과 이별하고

문덕은 한 해 두 해가 갈수록 우경 선생의 학문과 병학(군사에 관한 학문)이 끝이 없음을 알았습니다.

5년, 6년이 지나갔습니다.

우경 선생은 가족이 없는 홀몸이었습니다. 그래서 문덕은 선생을 아버지처럼 받들어 모셨습니다.

어느 날 문덕은 여쭈어 보았습니다.

"선생님, 저는 언제쯤 한 사람의 무인이 되겠습니까?"

문덕이 이 산에 들어온 지 10년이 되는 때였습니다.

우경 선생은 웃음 띤 얼굴로 대답했습니다.

"이미 무인이 되었으니, 이제는 몸가짐을 항상 무겁게 하여라."

"선생님, 저는 아직도 부족하다고 생각합니다."

"아니다. 너는 이미 무인이 다 된 거야."

우경 선생은 여전히 웃는 얼굴로 대답했습니다.

'정말 내가 무인으로서 한 사람 몫을 다할 수 있을까? 고구려를 침범하는 강한 적에게 결정적인 타격을 줄 수 있을까? 어떻게 해야 내 나라 병사들의 목숨을 아끼고 승리를 거둘 수 있을까?'

이렇게 생각하자, 문덕은 앞으로도 우경 선생의 지도를 오래도록 받아야 할 것 같았습니다. 그리고 그 가르침은 쉽게 터득할 수 있을 것 같지 않았습니다.

가을 바람이 부는 어느 날이었습니다.

"선생님, 의복을 준비해야겠습니다. 곧 날씨가 추워질 것 같아요."

문덕의 걱정에 우경 선생은 이렇게 말했습니다.

"아니다. 있는 옷으로 충분하니 걱정 마라."

"너무 낡은 옷뿐이니, 제가 나가서 의복을 마련해 오겠습니다."

그러나 우경 선생은 허락하지 않았습니다. 문덕은 하는 수 없이 자기 옷도 한 벌 사야겠다고 말하여 간신히 외출 허락을 받았습니다.

마을에 내려온 문덕은 스승의 옷 한 벌을 장만하고, 저녁상을 잘 차려 드리려고 귀한 반찬거리도 샀습니다.

'선생님이 꾸중을 하실지 모르지만, 꾸중을 듣더라도 이걸 입으시도록 하리라.'

문덕은 이런 생각을 하면서 걸음을 빨리하여 산으로 돌아왔습니다.

단풍 든 골짜기에는 땅거미가 깔리고 찬 바람이 불었습니다. 초막에까지 온 문덕은 즐거운 마음으로 스승을 부르며 들어갔습니다.

"선생님, 다녀왔습니다."

그러나 방 안에서는 아무 기척도 없었습니다. 신발도 보이지 않았습니다.

문덕은 보자기에 싼 의복을 방 안에 두고 밖으로 나와 보았습니다. 사방을 둘러보아도 선생은 보이지 않았습니다. 수상히 여기며 방으로 들어간 문덕은, 어두컴컴한 방 안에서 벽에 붙은 종이를 발견했습니다. 우경 선생이 쓴 글씨였습니다.

'범병지도 막과호일(凡兵之道 莫過乎一).'

'군사를 쓰는 법은 오직 하나'라는 뜻이었습니다.

이 글을 본 문덕은 가슴이 덜컥했습니다. 스승이 이런 병학에 관한 교훈을 일부러 써 붙일 까닭이 없었던 것입니다. 이것은 예삿일이 아니라는 생각이 들었습니다.

'이걸 내게 교훈으로 남기고 어디로 떠나 버리신 것은 아닐까?'

전에도 우경 선생은 가끔 기도를 드리려고 산꼭대기 흰 바위로 올라가는 일이 있었습니다. 기도를 드리느라고 해가 져도 그대로 앉아 있다가 밤에야 내려오는 일도 있었습니다.

오늘도 어쩌면 그 바위에 가신 것이 아닐까 하고, 문덕은 부리나케 어두운 길을 올라갔습니다.

그러나 거기에도 우경 선생은 없었습니다.

문덕은 바위 위에 우뚝 서서 사방을 휘둘러보았습니다. 산줄기가 뻗어 간 멀리까지 어둠만 서려 있고, 밤바람이 문덕의 머리카락을 날릴 뿐이었습니다.

문덕은 우경 선생이 앉아 기도하던 자리에 꿇어앉아서 스승을 부르며 묵념을 했습니다.

'선생님, 어디로 가셨습니까? 제가 무얼 잘못하여 가셨습니까?'

'아니다. 너는 이제 무인으로서 나라를 위해 일해야 한다. 어서 가거라.'

문덕의 마음속에서 우경 선생이 이렇게 속삭여 주는 것 같았습니다.

문덕은 정신을 가다듬고 산을 내려왔습니다. 집에 돌아와 보았지만, 방은 역시 텅 비어 있었습니다.

그날 밤 이후로 우경 선생은 영영 나타나지 않았습니다. 우경 선생이 자취를 감춘 것은 문덕의 수업이 끝났음을 뜻하는 것이었습니다.

이제 문덕이 산을 내려가서 한 사람의 무인으로, 아니 위대한 장군으로 일할 때가 왔다는 것을 뜻함이었습니다.

    우경 선생은 훌륭한 제자를 세상에 내보내기 위해서는 자신이 몸을 감추는 것이 가장 손쉬운 일이라 생각했던 것입니다.

# 국난

　고구려는 북부여의 왕자였던 주몽이 세운 나라입니다. 주몽은 핍박을 받다가 졸본부여로 도망 나와서, 졸본 왕의 사위가 되어 구려(句麗) 땅에서 백성을 잘 다스렸습니다. 그러다가 졸본 왕의 뒤를 이어 기원전 37년에 새로 나라를 세운 것입니다.

　주몽의 비범한 무예와 훌륭한 정신으로 고구려는 새로이 빛나기 시작했습니다. 고구려는 날로 번성해서, 압록강 북쪽 멀리까지 국토를 넓히며 강한 나라로 자라 갔습니다.

　고구려의 세력이 강해지자, 이웃 나라들이 이를 시기하고 미워하기 시작했습니다. 그 중에도 중국의 한족들은 자주 고구려를 침략하여 그 세력을 꺾으려고 했습니다.

그러나 제10대 임금 산상왕 때까지는 고구려가 그들의 침범을 막아 냈습니다. 산상왕 때에는 을파소라는 재상이 있어서, 임금을 도와 나라의 위급함을 구해 낼 수 있었습니다.

그러다 제11대 동천왕 때에 와서, 한족의 침범으로 고구려는 큰 곤란을 당했습니다. 다행히 이때에는 재상 명림어수를 비롯하여 충성스런 장수 유유와 밀우가 있어, 이들의 희생으로 적을 내쫓고 나라를 지킬 수 있었습니다.

그 시절, 중국의 위나라는 고구려 왕에게 같이 힘을 합해 요동 태수 공손연을 치자고 간청했습니다. 고구려는 그 청을 받아들여 공손연을 쳐서 항복받게 했습니다. 그럼에도 불구하고, 위나라는 곁에 강한 나라를 두지 않으려고 고구려에 나중에 군사를 내보낸 것입니다.

싸움에서 패해 돌아간 위나라가 고구려를 미워하는 것은 말할 것도 없거니와, 가까이 있는 백제와 신라도 고구려와 친하려 들지 않았고, 멀리 오나라와 촉나라, 요동의 공손 씨 등이 모두 강대해지는 고구려를 경계했습니다.

위나라는 유달리 고구려를 미워했습니다. 여태까지는 대단치 않은 나라로 여겨 왔던 고구려가 점점 세력이 커져서 이웃 나라 가운데서 우뚝 솟아나게 되었고, 더구나 자기네 군사가 그 나라에서 패하고 돌아왔기 때문입니다. 스스로 강국이라고 생각하는 위나라로서는 언제고 고구려를 쳐서 발 아래 엎드리게 해야만 속이 풀릴 것 같았습니다.

이렇게 사방에서 고구려를 노리고 있었습니다. 그러나 동천왕 이후 중천왕, 서천왕에 이르기까지는 별 어려움을 겪지 않았습니다. 서천왕 때 숙신의 대군이 침범해 오긴 했지만, 숙신의 군대는 살아남은 자가 얼마 되지 않을 정도로 크게 패하고 돌아갔습니다.

그러던 고구려에 걱정거리가 생겼습니다. 봉상왕 때입니다.

봉상왕은 서천왕의 아들로, 어릴 때부터 성품이 곱지 못했습니다. 무엇보다도 교만한 마음과 남을 의심하는 성질이 강해서 탈이었습니다.

남을 의심하는 일은 남을 해치고 자기도 망치는 것이라고 서천왕이 언제나 타일렀지만, 아무 소용이 없었습니다.

이렇게 의심 많고 교만한 사람이 왕위에 오르자, 그때부터 나쁜 성질은 불에 기름을 부은 것처럼 더 심해졌습니다. 봉상왕은 드디어 무서운 영을 내렸습니다. 안국군 달가를 잡아 죽이라는 명령이었습니다.

안국군 달가는 봉상왕의 삼촌이었습니다. 그러니까 아버지인 서천왕의 아우입니다. 달가는 서천왕 때 충성을 다하여 숙신의 대군을 용감하게 물리쳐 나라의 위급을 구한 사람이었습니다.

이런 사람을 잡아 죽이라니, 참으로 두렵고 기막힌 일이었습니다.

봉상왕은 달가가 백성들의 칭송을 받는 것을 알고 크게 의심을 한 것입니다. 그래서 왕위를 빼앗을 야심을 품고 있는 것으로 알고, 이런 인물을 없애지 않고서는 마음 놓고 살 수 없다고 생각했던 것입니다.

안국군은 붙잡혀 옥에 갇혔습니다. 이 소문을 들은 백성들은 그가 억울하게 벌을 받게 될까 염려하며 슬퍼했습니다.

안국군은 드디어 왕위를 빼앗으려는 음모를 꾸몄다는 누명을 쓰고 사형 판결을 받았습니다.

억울한 죄를 뒤집어쓴 안국군을 위해 신하들이 왕에게 간곡히 아뢰었습니다.

"안국군은 나라를 위해 목숨을 아까워하지 않고 적과 싸워 물리쳤으며, 나랏일에 언제나 충성을 다해 왔습니다. 이런 분을 죽이시는 것은 옳은 일이 아닐 뿐 아니라, 안국군은 또 대왕의 친척입니다. 친척 되는 분을 죽이시는 것은 천만부당하오니, 이번의 처벌만은 도로 거두심이 옳은 줄 아옵니다."

이렇게 탄원하는 신하들의 말에 봉상왕은 불쾌한 얼굴로 소리쳤습니다.

"아무리 적을 치는 데 공을 세웠다 해도, 왕의 자리를 탐내며 세운 공은 죽음의 벌을 받아도 모자라는 것인데, 그대들이 이러한 안국군을 두둔하는 것은 대체 무슨 까닭이오? 왕의 명령은 옳지 못하고 죽을 죄를 지은 안국군을 옳다 하니, 그대들은 안국군의 신하가 될 사람이구려!"

이 말을 들은 신하들은 간담이 서늘했습니다. 이러다가는 자기들까지 엉뚱하게 역적으로 몰려 아침 이슬 사라지듯 죽음을 당하게 될지도 모르는 일이라 생각했습니다. 안국군은 기어이 목을 베어 죽이는 극형을 당하고 말았습니다. 백성들은 안국군의 죽음을 슬퍼하여 숨어서 울었습니다.

안국군이 사형되고 얼마 되지 않아, 이번에는 왕의 아우인 고추가군 돌고와 그의 아들 을불 공자가 또 이런 무서운 의심을 받아 참혹한 변을 당하게 되었습니다.

"나를 해치려 하는 자는 죽어야 한다."

왕은 자기의 아우와 조카까지도 죽이려 했습니다.

고추가군은 천성이 어질고, 충성과 효도를 사람의 도리 가운데 가장 중요한 것으로 아는 사람이었습니다. 그래서 나라 안에서도 으뜸가는 군자로 알려져 있었습니다.

봉상왕은 이렇게 백성들이 칭찬하고 덕망이 높은 고추가군을 시기하고 의심하여, 자기의 왕위를 빼앗을 사람으로 생각한 것입니다.

고추가군은 억울하게 화를 당해 죽었습니다. 그러나 조정의 사람들은 차마 보고 있을 수 없어, 그의 아들 을불 공자를 몰래 빼돌려 도망가게 했습니다.

왕은 이렇게 함부로 사람을 죽일 뿐 아니라 신하들을 의심하기가 일쑤였습니다. 누구나 나랏일을 정성껏 하면 곧 다른 생각이 있어서 그런다 하고, 만일 일을 게을리하면 왕을 싫어해서 그런다고 했습니다. 그래서 이러지도 못하고 저러지도 못하는 터이라, 나라 형편은 참으로 말이 아니었습니다.

백성을 위하는 일이라고는 전혀 하지 않는 왕이 교만한 마음에서 사치스러운 짓은 골고루 하려 들었습니다. 궁전을 더욱 아름답게 꾸미고, 곳곳에 별궁을 지어 호강을 하려 했습니다.

이런 일로 백성들은 어느 하루 편할 날이 없이 불려 나가 힘겨운 일을 해야 했고, 또 과중한 세금에 시달려 먹고 입기에도 어려운 형편이었습니다.

이러한 왕을 보고 남모르게 박수를 보내는 자가 있었습니다. 그것은 선비족의 우두머리인 모용외였습니다.

# 선비족의 침입

전부터 북쪽의 유목 민족인 선비족은 엉뚱한 마음을 먹고 고구려를 침략하려고 기회를 노리고 있었습니다. 그러나 어쩌다 침범했다가는 큰 변을 당하고 도망치기가 일쑤여서, 감히 손을 대지 못했던 것입니다.

그러나 이제 와서는 고구려의 봉상왕이 옳지 못한 인물이라 충신도 나지 않고 장수도 힘을 쓰지 못하게 된 것을 보자, 이 좋은 기회를 놓치지 않으려 했습니다. 모용외는 드디어 대군을 모아 이끌고 고구려로 쳐들어왔습니다.

뜻하지 않은 침입에 봉상왕은 크게 놀랐습니다. 그러나 백성들은 이미 지칠 대로 지쳐 있었습니다. 신하들도 그동안 국방에는 관심이 없었습니다. 자기 일신의 사치와 남을 죽이기에만 정신을 판 봉상왕이 이런 변을 당하는 것은 당연한 이치라 생각할 뿐이었습니다.

모용외의 군사가 국경을 넘어 물밀듯이 쳐들어오자, 왕은 자기만 위험을 면하려고 수도를 버리고 신성이라는 곳으로 피해 갔습니다.

신성으로 가는 길은 험했습니다. 궁중에서 편하게만 살던 왕이 험한 산을 넘고 깊은 물을 건너 가시밭길을 헤치며 가자니, 걸음은 느리고 마음은 급했습니다.

곡림이라는 곳에 이르렀을 때입니다. 앞길은 깊은 산골이요 뒤쪽은 험한 개울인데, 갑자기 사방에서 고함 소리가 우레같이 일어났습니다.

선비족 군사들이 미리 와서 지키고 있다가, 왕이 나타나자 소리치며 모여든 것이었습니다.

순식간에 선비족 군사들은 겹겹으로 왕을 에워쌌습니다. 그들은 얼마 되지 않은 왕의 호위병은 거들떠보지도 않고 소리쳤습니다.

"항복하라!"

왕은 어찌할 바를 몰랐습니다. 오직 자신만 살 수 있다면 항복이라도 하고 싶었습니다.

이 무렵에 신성을 지키던 고노자는 지혜롭고 용맹스런 장수로, 모용외의 군대가 쳐들어온다는 소문을 듣자 재빨리 부하들로 하여금 싸울 준비를 하게 했습니다.

그리고 적군이 쳐들어와 왕이 피신하게 된 것을 알게 된 고노자는 왕을 구하기 위해 부하들을 이끌고 곡림으로 달려왔습니다. 고노자는 왕을 안전한 곳으로 모시게 하고는 용감하게 적군과 싸워, 드디어 모용외의 군사들을 쫓아 버렸습니다.

적군이 쫓겨간 뒤 봉상왕은 그제야 충성스러운 신하의 공을 알게 되었습니다. 봉상왕은 국상 상루와 남부 대사자 창조리, 그리고 곡림에서 왕을 구한 고노자를 불러 잔치를 베풀고 적을 물리친 기쁨을 나누기로 했습니다.

"경들의 덕택으로 선비족을 물리치고 나라를 튼튼히 하게 되었으니, 참으로 반가운 일이오."

왕은 지난날과 달리 신하들을 칭찬하며 술을 권했습니다. 그러다가 옆에 있는 신하들에게 이런 질문을 했습니다.

"경들은 다 지혜로우니 이미 알고 있을 줄 아오마는, 이번에 모용외가 침범해 오게 된 까닭을 아오?"

왕의 물음에 신하들은 잠시 생각해 보았습니다. 의심 많은 왕이라 조심스럽기 한이 없었기 때문입니다.

남부 대사자 창조리가 왕에게 아뢰었습니다.

"모용외란 자는 원래 욕심 많은 자인데, 이제 자기들 힘이 조금 커지자 감히 우리 고구려를 넘보고 쳐들어온 것인 줄로 아뢰옵니다."

이 말을 듣고 왕은 비웃는 표정을 지으며 다시 말했습니다.

"그런 말은 누구나 할 수 있는 말이오. 그런 걸 묻는 게 아니오."

창조리는 말없이 왕의 안색을 살피고 있었습니다.

"그 밖에 더 중요한 까닭이 있소."

왕은 허리를 펴고 좌중을 둘러보았습니다.

"무슨 까닭이오니까?"

창조리가 조심스레 물었습니다.

"내가 꼭 말을 해야 알겠소? 무릇 적이 침입해 올 때에는 으레 나라 안에서 적과 내통하는 자가 있는 법이오. 고구려 안에서 적과 내통한 자가 있단 말이오. 알겠소?"

모든 사람의 얼굴빛이 새하얘졌습니다. 왕이 또 누구를 의심하는 것이 분명했습니다.

창조리가 떨리는 소리로 말했습니다.

"대왕. 고구려의 신하들은 충효로써 살기를 원하고 있사옵니다. 어찌 적국과 내통하는 자가 있겠습니까?"

"경들은 모른다고 하지만. 이번에 모용외가 우리나라를 침범하게 된 까닭은 을불과 내통했기 때문이오."

"을불 공자가……?"

신하들은 모두 놀랐습니다. 왕의 조카인 을불은 일찍이 의심을 받아 죽음을 당하게 되었다가 용케 도망하여 목숨을 건졌습니다. 그런데 왕은 을불에게 또 이런 의심을 품어 죽이려는 것임에 틀림없었습니다.

"대왕. 그럴 리는 없으리라 믿사옵니다."

창조리가 변명을 하자, 왕은 여전히 비웃는 얼굴로 손을 내저었습니다.

"모르는 소리 하지 마오!"

국상 상루도 이 일이 또 나라에 불행을 낳게 할 것으로 믿고, 왕에게 간곡히 아뢰었습니다.

"대왕께서는 부디 다시 생각하시옵소서. 을불 공자는 대왕의 혈족으로 덕이 있고 충성스런 분이옵니다. 그런 분이 적국의 장수와 내통할 까닭이 있사오리까?"

왕은 자신 있게 말했습니다.

"내통할 까닭이 있소. 을불은 제 아비의 원수를 갚을 방도를 밤낮으로 생각하고 있었소. 죄를 짓고 죽은 고추가군 돌고의 원수를 갚기 위해 모용외와 내통한 것이오."

신하들은 기가 막혔으나, 더 을불 공자를 두둔하다가는 자기들 목이 날아갈지도 모르는 일이었습니다. 차라리 을불 공자를 피신시키는 것이 낫겠다고 생각했습니다.

을불을 잡으라는 왕의 명령이 내렸습니다. 그러나 을불은 이미 몸을 숨긴 뒤라 죽음은 면했습니다.

한편, 왕은 사치스러운 생활을 좋아하여 흉년인데도 대궐을

고쳐 짓고 별궁을 새로 짓는 공사를 벌였습니다.

이 대궐 공사에는 15세 이상의 남녀들을 불러내어 일을 시켰습니다.

"흉년이 들어 먹을 것도 없는데 비싼 세금을 내게 하고는, 굶주려 다 죽게 된 백성들을 부려 대궐만 새로 지으려 들다니……. 참으로 이 나라의 백성이 된 것이 한스럽다!"

백성들은 누구나 이런 불평을 하게 되었습니다.

# 을불 공자

 을불이 있는 곳을 아는 사람은 아무도 없었습니다. 시골에 가 있는지, 아니면 멀리 다른 나라로 도망해 갔는지 전혀 알 길이 없었습니다.

 그러나 사실 을불은 거지 꼴을 하고 돌아다니다가 남의 집 머슴살이를 하고 있었습니다. 나중에는 머슴살이도 마음 놓고 할 수 없어, 깊은 산골로 들어가 소금을 지고 다니며 파는 소금 장사를 했습니다. 그 당시엔 소금이 귀한 것이었기 때문에 어디로 가더라도 그것을 팔아서 먹고 자는 비용을 마련할 수 있었습니다.

 나라의 귀한 지위에 있을 을불 공자가 소금 짐을 지고 이 마을

저 마을로 다니며 장사꾼 노릇을 하게 된 것도, 백성들이 온갖 고초를 겪게 된 것도 봉상왕 때문입니다. 선비족도 두 번이나 쳐들어와서 숱한 사람이 죽고 다쳤습니다. 봉상왕에 대한 백성들의 원성이 높아지지 않을 수 없었습니다. 이에 창조리를 비롯하여 나라를 걱정하는 신하들은 드디어 봉상왕을 왕위에서 물러나게 하려고 뜻을 결정했습니다.

그러나 왕의 자리에 누구를 모실 것인가?

당연히 을불 공자를 모셔야 할 것입니다.

창조리와 몇몇 신하들은 을불 공자를 찾으려고 사방으로 수소문해 보았으나, 알 수가 없었습니다. 창조리는 과거에 을불과 친분이 있는 조불과 소우를 은밀히 불렀습니다.

"두 분은 내가 왕손 을불 공자를 찾는 까닭이 무엇인지 짐작하시겠지요?"

조불과 소우는 얼른 대답을 하지 못했습니다. 한참 생각한 후에 조불이 말했습니다.

"고구려의 신하 된 자, 어찌 국상의 뜻을 모르리까? 오직 하루 빨리 큰일이 이루어지기를 바라고 있습니다."

"고맙소. 그대들이 내 뜻을 알아주니, 이보다 더 반가울 데가 없소. 부디 그대들의 협력을 바라오."

"힘 닿는 데까지 돕겠습니다."

창조리는 을불 공자를 찾아와 왕위를 잇도록 하겠다는 비밀 이야기를 해 주었습니다.

이렇게 하여 조불과 소우 두 사람은 이튿날 아침부터 을불을 찾아 나섰습니다. 을불을 찾기는 참으로 힘들었습니다.

오랫동안 헤매고 다니던 소우는 비류수 강가를 돌다가 거지 꼴의 한 사나이를 만났습니다.

천만다행으로 그가 바로 을불이었습니다.

그 사나이는 을불이 아니라고 고집했지만, 소우는 옛 친구로서 간절히 찾는 까닭을 이야기하여 서울로 같이 돌아오게 되었습니다.

창조리는 을불 공자를 비밀히 모셔 두고, 봉상왕을 몰아낼 일을 꾸몄습니다.

봉상왕 9년(서기 300년) 어느 가을날, 봉상왕은 신하를 데리고 후산으로 사냥놀이를 가게 되었습니다.

국상 창조리는 미리 여러 신하들과 비밀히 모여 사냥터에서 왕을 가두기로 의논했습니다.

사냥의 행렬이 후산을 향해 가고 있었습니다. 호위 군사들이 앞장서 가고, 그 뒤로 길을 인도하는 전도관 세 명이 따르고, 그 다음으로 봉상왕의 말이 가고 있었습니다. 그 뒤로 국상 창조리와 중신 몇 사람이 엄숙한 얼굴로 따랐습니다. 활 잘 쏘는 군사들은 그 뒤에 따라가고 있었습니다.

일행은 임시로 마련한 왕의 행재소(임금이 움직일 때 일시 머물던 곳)에서 쉬게 되었습니다. 사냥하러 온 군사들은 노루를 잡으라는 왕의 명령이 내리기를 기다리고 있는 것 같았습니다.

왕이 신하들을 보고 말했습니다.

"오늘 사냥에서는 노루를 잡도록 하오. 노루 피를 먹어야겠소."

한 신하가 사냥꾼들을 보고 명령했습니다.

"노루를 잡으라는 분부시다."

이때, 창조리가 갈대를 꺾어 관에다 꽂았습니다. 그것을 본 군사들이 일제히 갈대를 꺾어 머리에 꽂았습니다. 왕이 수상히 여겨 물었습니다.

"국상은 그게 무슨 짓이오?"

국상 창조리가 대답했습니다.

"저 군졸들이 머리에 갈대를 꽂는 것은 신의 뜻을 좇겠다는 표시입니다."

"국상의 뜻을 좇겠다니, 국상이 무슨 뜻을 가졌다는 거요?"

"대왕께서는 항상 충신의 간언(옳지 못한 일을 고치도록 하는 말)을 듣지 않으시고 백성을 괴롭혀 왔습니다. 대왕께서는 이제 왕위를 버리셔야 합니다!"

"뭐라고? 그대가 미쳤는가?"

"신은 미치지 않았습니다."

봉상왕은 분함을 참지 못해 호위병에게 소리쳤습니다.

"당장 창조리의 목을 베어라!"

왕이 무서운 영을 내리기는 했지만, 군사들은 움직이지 않았습니다.

"이제부터는 우리들의 왕이 아니라는 걸 아십시오."

창조리는 이렇게 말하고 군사들에게 명령했습니다.

"이분을 빨리 모셔라. 지금까지 왕으로 계시던 분이니 예에 어긋난 짓을 해서는 안 된다."

창조리의 말이 떨어지기가 바쁘게 군졸들은 왕을 가마에 태우려 했습니다. 왕은 발버둥치며 가마에 들지 않으려 했으나, 군졸들의 힘을 당할 수 없었습니다.

왕을 가마에 태운 군졸들은 미리 준비해 둔 민가로 가서 왕을 가두고 말았습니다.

이튿날 아침, 고구려의 서울은 새 임금을 반기는 백성들의 만세 소리로 떠나갈 것 같았습니다. 을불이 임금의 자리에 앉은 것입니다. 이분이 고구려 제15대 임금인 미천왕입니다.

미천왕은 먼저 백성들이 굶주림에서 벗어나게 하기 위해 여러 가지 일을 시작했습니다.

미천왕은 봉상왕이 벌여 놓은 궁성 짓는 공사를 중지하고, 풍년이 들 때까지 세금을 받지 않기로 했습니다. 억울하게 죄를 쓰고 옥에 갇힌 많은 사람들을 풀어 주었습니다. 그리고 외적의 침입을 막기 위해 군사들의 힘을 길렀습니다.

이리하여 그 뒤로 300년 동안 중국은 물론이요, 다른 나라도 고구려의 땅을 넘보지 못하게 되었습니다.

 소수림왕 때의 불교 문화 수입, 광개토왕과 장수왕 때의 국토 확장 등으로 고구려는 갈수록 튼튼한 나라로 되어 갔습니다.

 그러나 고구려가 강대해지는 것을 시기하는 한족의 감정은 끈질기게 계속되었습니다. 제26대 영양왕 때에 이르러 기어이 수나라 양제는 백만 대군을 이끌고 고구려를 침공하기에 이르렀던 것입니다.

# 을지 대장군

우경 선생과 이별한 을지문덕은 석다산에서의 공부가 이로써 끝이 났다고 생각했습니다. 우경 선생은 그에게 10년 동안 병학을 가르쳤습니다.

병학은 전쟁하는 방법에 대한 것이지만, 단순히 싸우는 법만이 아니라 전쟁에 관계된 여러 가지 공부였습니다. 을지문덕은 천문과 지리, 역사와 시, 그림과 노래와 춤에 이르기까지 두루 배웠습니다.

석다산을 내려온 을지문덕은 때를 기다려 무과에 급제하여 세상에 나섰습니다. 20대의 혈기 있는 청년 장수 을지문덕은 능한 무예와 나라를 위하는 충성된 정신으로 벼슬이 차차 올라 군모 참장이 되었습니다.

그러던 어느 날, 영양왕이 조정의 여러 신하와 왕후, 원로 중신들까지 모두 만승전으로 나오게 했습니다. 어전 회의가 열리는 것이었습니다.

만승전에서 회의를 하는 일은 좀처럼 없었습니다. 그곳에서 하는 회의라면 여간 중대한 일이 아닐 수 없습니다.

'무슨 일일까?'

대신들은 누구나 긴장된 얼굴로 궁중에 모였습니다.

영양왕은 군복을 입고 옥좌에 앉아 있었습니다. 이윽고 회의가 시작되었습니다. 한 신하가 서궤에서 서장(편지) 하나를 꺼내어 낭독했습니다.

요동(랴오둥) 태수 한진이 삼가 아뢰옵니다. 수나라 양제가 불측한 마음으로 우리나라를 침범하려고, 이른바 천병(천자의 군사)이라는 큰 군사를 움직여 지금 바다와 육지 두 갈래로 달려오고 있사옵니다.

우리 충용한(충성스럽고 용맹스러운) 군사는 일찍이 수나라 군사를 쳐부순 일이 있사옵니다. 이번의 수나라 양제의 병사들은 비록 급히 모은 오합지졸(훈련 없는 군사)이기는 하나 적국의 병력을 온통 모아 일으킨 것이라, 우리나라 군사와 비교하면 그 수가 너무도 많사옵니다. 더구나 이번에는 수나라 양제가 스스로 군사를 거느리고 온다 하며, 그 군사의 수효로 보아서도 일찍이 없던 큰 침범인 줄 아옵니다.

바라옵건대, 폐하께서는 높으신 덕과 위엄으로 양제의 화를 꺾어 막으시옵소서. 신 한진은 충성을 다하여 적군의 침범을 막으려 하옵니다.

서장을 읽는 신하의 목소리가 떨렸습니다. 만승전은 물을 끼얹은 듯 조용했습니다.

왕은 묵묵히 앉아 여러 신하들의 동정을 살피고 있었습니다. 그러나 누구 하나 여기에 대해 이렇다 할 묘한 대책을 말하는 사람이 없었습니다.

왕이 드디어 입을 열었습니다.

"수 양제가 옛날 진시황을 본받아 다른 나라들을 제 앞에 무릎 꿇게 하려는 것은 나도 알고 있던 바이오. 그러나 우리 고구려는 동방의 대국으로, 그들에게 침노를 당할 아무런 까닭이 없소. 또한 그런 무도한 행동을 보고만 있을 수는 더구나 없는 바이라 반드시 쳐서 물리칠 생각이니, 경들은 나의 뜻에 충성을 다해 주기 바라오."

왕의 말에 한 신하가 머리를 조아리고 아뢰었습니다.

"폐하의 높은 뜻은 천만지당하옵니다. 그러하오나 싸움은 양쪽의 힘이 서로 비슷한 때에라야 할 수 있는 것인데, 지금 우리나라는 백성들의 힘과 군비가 수나라의 군사를 당해 내기에는 너무나 적고 약하다 아니 할 수 없사옵니다. 적은 군사와 약한 힘으로 대군과 싸우게 되면 백성들의 고초가 클 뿐 아니라, 나라가 곤경에 빠질 것이 분명하옵니다. 참으로 원통하기 그지없는 일이오나, 양제와 화의를 맺어 큰 재난을 면하심이 좋은 줄로 아옵니다."

이 말이 끝나자, 여기저기서 수군거리는 소리가 들렸습니다.

모두들 자기가 하고 싶은 말을 대신해 준 것을 반가워하는 사람들의 수군거림이었습니다.

왕은 눈살을 찌푸리며 말했습니다.

"다른 의견은 없소?"

그러나 아무도 고개를 들지 않았습니다. 이때, 자리에서 한 장수가 일어섰습니다.

이를 본 여러 사람들은 그 장수가 '달리 신통한 방도가 없는 줄로 아뢰오.' 하고 허리를 굽히기를 바라고 있었습니다.

그러나 그 장수는 좌중을 둘러보며 뜻밖의 말을 했습니다.

"소신의 생각으로는, 나라의 안전을 위해 수 양제와 화의를 맺는다는 것은 도저히 옳은 일이 아닌 줄 아옵니다. 우리 고구려는 예로부터 이웃 나라들의 간사한 침략을 받은 일은 있었지만, 수치와 정복을 당한 일은 없었습니다.

고구려가 이제 와서 저따위 오랑캐와 화의를 맺는다면, 이후에 더 무엇을 참고 견딜 것이 있겠습니까? 나라의 안전을 위하는 마음이 있다면 우선 그들과 싸워서 물리칠 각오를 함이 마땅한 줄로 아옵니다!"

그러고는 왕 앞으로 나아가서 늠름한 태도로 아뢰었습니다.

"신이 비록 미약하오나, 용맹한 군사들과 더불어 수 양제의 군대를 물리치고 고구려의 빛나는 역사를 지키고자 하오니, 신의 진정한 뜻을 살피옵소서."

왕은 그 장수의 씩씩한 모습과 불을 뿜는 듯한 열띤 말에 감탄해 마지않았습니다.

화의를 주장한 신하와 그에 따르려던 여러 신하들은 어안이 벙벙하여 아무 소리도 못 하고 눈치만 살피고 있었습니다. 적과 싸우겠다고 나선 장수는 다름 아닌 을지문덕이었습니다.

왕은 을지문덕에게 말했습니다.

"그대의 뜻이 장하오. 내 고구려의 운명을 그대의 어깨에 지우나니, 위기에 놓인 나라를 바로잡기 바라오. 이제 문무백관 앞에서 그대를 정로대장군으로 삼으니, 빨리 대군을 일으켜 적을 막도록 하오."

일이 이렇게 되니, 만승전의 어전 회의 분위기는 갑자기 달라졌습니다. 싸우기도 전에 항복하는 것이 옳다고 하던 사람들은 모두 고개를 떨어뜨리고 있었습니다.

그들은 을지문덕의 용맹에 은근히 기대를 걸어 볼 수밖에 없다고 생각하게 되었습니다.

정로대장군의 직함을 받은 을지문덕은 어전 회의가 끝나자, 이 중대한 책임을 다하기 위하여 왕에게 며칠만 시간을 내 달라고 청했습니다.

왕이 이 청을 허락하자, 장군은 자기 집에 돌아가 대군을 일으켜 수나라의 군대를 맞아 싸울 계획을 세우기에 골몰했습니다.

# 작전 계획

 만승전 어전 회의에서 수나라와 화의를 맺는 것이 옳다고 말한 신하와, 그와 같은 생각을 지니고 있던 많은 신하들은 을지문덕이 큰소리를 하고 정로대장군이 된 데 대해 적지 않은 시기심과 불만을 품고 있었습니다.

 그들은 을지문덕이 정로대장군이 된 뒤로 며칠 동안 얼굴을 나타내지 않는 것을 보고 비방을 했습니다.

 "을지 장군은 정로대장군이 되더니, 벼슬이 너무 무거워 일어나지를 못하는 건가? 어찌하여 얼굴도 보이지 않을까?"

 "그도 그럴 거요. 어전 회의에서 큰소리를 하여 대장군이 되긴 했지만, 수나라 대군을 무찌를 재주야 그리 쉽게 생기겠소?"

"대왕께서도 을지 장군을 너무 믿으셨어. 젊은 혈기에 불쑥 하는 소리를 들으시고 그런 직책을 맡기셨으니, 앞일이 걱정스럽소."

을지 장군의 가문에 대해 비방하는 사람들도 있었습니다.

"나랏일은 역시 아무나 감당할 수 있는 게 아니야. 을지문덕은 본시 농사꾼의 아들이거든."

"그렇지. 농사꾼의 아들로 태어나 크게 성공했지만, 이런 큰일을 맡아 가지고는 감당을 못 할 게 뻔한 일이니 참 딱하오."

사람들이 이런 말을 지껄이며 나랏일을 남의 일처럼 생각하고 있을 때, 을지 장군은 방문을 닫아 걸고 적을 칠 궁리를 하느라 딴 생각을 할 겨를이 없었습니다.

을지 장군은 수나라 사람들의 장점과 단점을 아울러 잘 알고 있었습니다. 그들의 사정을 잘 알고 있기에, 이에 따라 그들을 어떻게 쳐야 하며, 싸움터에서 그들을 곤경에 몰아넣으려면 어떤 방법이 가장 효과적인가를 자세히 연구하여 작전 계획을 세웠습니다.

을지 장군은 며칠을 두고 계획을 세운 다음에야 나와서 군사들을 검열했습니다.

  그리고 새로 모집한 병사들도 일일이 살펴보고, 그 많은 사람들 가운데서 특히 장군의 전술에 유효하게 쓸 수 있는 군사들을 찾아내어 특별한 훈련을 시키기로 했습니다.

  그러다가 을지 장군은 병사들 중에 여자 한 사람이 있는 것을 보고 기이하게 여겨 물었습니다.

  "여자의 몸으로 군사가 되려는 까닭은 무엇인가?"

  "황송하옵니다만, 비록 여자라 할지라도 나라가 위급한 때에 싸움터에 나가는 것은 부당한 일이 아닌 줄 알고 왔습니다."

  그 여자는 늠름하게 대답했습니다.

  "여자의 몸으로 전쟁을 할 기운과 용기가 있단 말인가?"

  "제 나이 오십이오나 예전에 배운 무술로 싸울 수 있사오며, 기운도 남에게 지지 않는 줄 압니다. 의심스러우시면 이 자리에서 시험해 보이겠습니다."

  그 여자는 가까이 있는 큰 철퇴(쇠몽둥이)를 한 손으로 들고 가벼운 지팡이를 놀리듯 해 보였습니다. 참으로 무서운 힘을 가진 여자였습니다.

　을지 장군은 이런 여자라면 전쟁에 나가 능히 잘 싸우리라 생각하고, 그 여자의 집안 사정을 물어 보았습니다.

　"자식은 잃어버렸고, 남편은 있사옵니다."

　"남편은 무슨 일을 하는 누구인가?"

　"우경이라는 학자이온데, 헤어진 지 오래되었습니다."

　을지 장군은 우경 선생이 남편이라는 말에 깜짝 놀랐습니다. 그래서 그 여자를 다른 방에서 기다리게 하고, 군사 검열을 마친 다음 다시 불러 자세한 사정을 물었습니다.

　"남편이 학자라 했는데, 무슨 학문을 하는 학자요?"

　"남편은 모든 학문에 능했습니다만, 특히 병학에 뛰어나십니다."

　"그러면 제자가 있을 텐데, 어떤 사람이었는지 알고 있소?"

　"저도 제자였습니다만, 헤어진 지 오래되어 그 뒤의 제자가 누구인지는 알지 못합니다."

　"우경 선생이 가르치신 것 중에서 나 같은 장수가 꼭 알아야 할 것이 있으면 말해 보오."

"대장 되시는 분은 특히 오재와 십과를 알아야 한다고 배웠습니다. 모름지기 길러야 할 다섯 가지와, 피해야 할 열 가지⋯⋯."

여자가 말하는 오재와 십과는 바로 우경 선생이 석다산에서 가르쳐 준 것과 다름이 없었습니다. 을지 장군은 자리에서 벌떡 일어나 여자 앞에 공손히 절을 했습니다.

"사모님을 몰라 뵙고 실례된 점이 너무 많았습니다."

여인은 장군이 절을 하는 것을 보고 놀랐으나, 우경 선생에게서 배운 사람임을 알고는 흐뭇하고도 반가운 표정을 지으며 대답했습니다.

"대장군께서 일개 병졸에게 이러시면 어떻게 합니까?"

"제가 오늘 이런 자리에 있게 된 것은 모두 우경 선생님의 은덕입니다. 우경 선생님께서는 십 년 동안 저를 가르쳐 주시고는, 어느 날 홀연히 어디론지 떠나셨습니다. 이제 사모님을 만나 뵈오니 참으로 선생님을 뵈온 듯 기쁘고 반갑습니다."

을지 장군의 말에 여인도 남편과 헤어지게 된 일을 이야기했습니다. 여인은 오래전에 우경 선생과 결혼하여 아들 쌍둥이를 낳았는데, 이 아이들이 어찌나 기운이 센지 동네 아이들과 장난을 하다가 한 아이를 죽게 한 일이 있어, 그 동네에서 피신을 시키지 않을 수 없었다고 했습니다.

급한 대로 어느 배에 태웠는데 그 배가 그만 말없이 떠나 버려 행방을 모르게 되었고, 자신도 그 동네에서 떠나야 했기 때문에 자식과도 남편과도 생이별을 하게 된 것이라 했습니다.

이런 불행한 신세이지만, 일찍이 우경 도사에게 병학을 배웠고 무예에도 능하므로, 나라를 위해 일하는 것이 옳다고 생각되어 달려온 것이라 했습니다.

을지 장군은 이 사실을 왕에게 보고하고, 이 여인에 알맞은 군사 직책을 맡겨 달라고 청했습니다. 영양왕은 병학에 능하다는 그 여인에게 군모 아장이라는 벼슬을 내려 주었습니다.

을지 장군은 신병들을 검열하다가 또 별난 사람들을 찾아냈습니다. 그들은 동물의 소리를 잘 흉내 내는 사람들이었습니다.

고양이 소리를 잘 내는 사나이.
개구리 소리를 잘 내는 사나이.

까마귀 소리를 잘 내는 사나이.

소, 닭, 돼지 소리를 잘 내는 사나이.

이런 사나이들을 모아 기성대(기이한 소리를 내는 부대)를 만들었습니다. 을지 장군은 이런 사람들이 작전에 크게 쓰일 때가 있을 거라고 생각했던 것입니다.

# 왕에게 전술을 아뢰다

영양왕은 을지문덕에게 정로대장군이라는 벼슬을 내리고 수나라의 대군과 싸울 것을 각오했지만, 한편 걱정이 적지 않았습니다.

그도 그럴 것이, 이것은 백성과 국토를 걸고 침입하는 외적을 쳐부수는 싸움이기 때문이었습니다.

만일 힘이 부치게 되는 날에는, 미리 항복하고 화의를 맺는 것보다 비참한 꼴이 될 것은 물론이요, 인명의 피해 또한 헤아릴 수 없을 정도로 클 것이 명백한 일이기 때문이었습니다.

그러나 싸우다가 망하는 한이 있더라도 내 나라의 위신을 떨어뜨릴 수는 없는 노릇이었습니다. 나라의 위신을 떨어뜨리지 않기 위하여 이 거창한 전쟁을 시작한 것입니다.

그런 만큼 왕의 마음은 괴롭고 아팠습니다.

아무리 용맹스런 장군이요, 아무리 나라를 위해 충성을 다할 장군이라 할지라도 적을 이겨 낼 묘한 전술을 갖추지 않으면, 뜻하지 않은 결과를 가져올 수도 있습니다.

영양왕은 이런 걱정과 근심으로 괴로워했습니다.

그러다가 왕은 을지문덕을 불러 그의 작전 계획을 듣기로 했습니다.

"수나라 군사를 물리칠 우리 고구려의 전술은 어떤 것인지 말해 줄 수 있겠소?"

"예. 말씀드리겠습니다. 우리의 전술은 수나라 군사의 단점을 치는 것이옵니다. 그들은 세 가지 불리한 점을 가지고 있사옵니다.

첫째, 양제가 군사를 일으킨 것은 너무 급작스러웠습니다. 그러므로 그 수가 아무리 많다 해도 이는 질서 없는 오합지졸이옵니다.

둘째, 그들은 우리의 사정을 잘 모릅니다. 우리 편의 상황을 자세히 조사하지 못했습니다. 우리 군사가 어떤 상황에 있고, 우리 군량이 어느 정도인지 모르고 있습니다.

셋째, 시기를 잘못 잡았습니다. 이제 곧 여름이라 비가 잦고 병이 잘 퍼지는 시기입니다. 그들은 비와 더위와 병에 지쳐서 힘을 제대로 발휘하지 못할 것이옵니다. 이런 적군에게는 우리가 꾀를 내어 속이고 타격을 주어야 합니다.

대왕께서는 이 점을 잘 살펴 주시기 바랍니다. 우리나라를 속이고 비밀리에 군사를 일으켜 쳐들어오는 적에게는, 이편에서도 그들을 속이고 타격을 주어야 하는 것이옵니다."

"음, 그럴 것이오. 그런데 적을 치는 데는 어떤 전법을 쓸 것인지……?"

"소신은 첫째, 물을 이용해 싸우는 수전을 계획했사옵니다. 수전을 할 강도 정했고, 그 강으로 적을 끌어들일 계획도 세웠사옵니다."

"경이 말하는 수전은 어떤 것인고?"

"이 수전은 오운택병 전술이라는 것으로, 까마귀와 구름을 본

뜬 것이옵니다. 까마귀 떼가 갑자기 하늘을 덮고 날다가 일시에 사라지고 구름이 갑자기 왔다가 사라지는 것처럼, 군사를 내보냈다가는 갑자기 거두어들이는 전술인데, 이것은 물에서나 육지에서나 다 함께 하는 것이옵니다."

왕이 다시 물었습니다.

"군사를 이끌고 적의 진지 깊이 들어갔다가 강을 사이에 두고 적과 맞서게 되었을 때에는 어찌하려는고? 예를 들어 첫째, 적군은 많고 우리 군사는 적을 경우, 둘째, 적에게는 군량이 많은데 우리에게는 군량이 적을 경우, 셋째, 강을 건너가서 치기도 어렵고 그대로 버티기도 어려울 경우에는 어찌하려 하는고?"

"예, 그럴 경우에는 뒤에 복병을 두고 꾀로써 적을 꾀어내어 빨리 치는 것이 상책이옵니다."

"만일 적이 미리 알고 우리 꾐에 빠져 들어오지 않고 도리어 우리 군사가 자신을 잃게 되었을 때, 그리고 적이 우리의 복병이 있는 것을 알고 대군으로 물을 건너지 않고 따로따로 나누어 건너는 경우에는 어찌하려 하는고?"

"그럴 때는 충진법을 써야 하옵니다. 이것은 세 곳으로 군사를 나누어 적을 치는 법이옵니다. 이 세 군데의 군사는 복병와 활 쏘는 군사와 기병(말 탄 군사)이옵니다.

이 세 군사를 세 곳으로 나누어 놓은 뒤에 약한 군사로써 적이 나오도록 꾑니다. 이렇게 하여 적이 나오면 복병으로 적의 뒤쪽을 빨리 치고, 한편으로는 활 쏘는 군사로 하여금 양쪽으로 갈라서서 쏘게 하며, 기병으로 오운진을 벌여 적의 앞뒤를 치게 하다가 드디어 대군을 몰아치는 것이옵니다.

그러면 적은 우리 군사가 모두 나온 줄 알고 반드시 그들의 대군을 이끌고 물을 건너오게 될 것입니다. 그때, 우리는 복병으로 적의 뒤를 빨리 치고, 기병으로 그 좌우를 치게 할 것이옵니다. 이것이 곧 오운전이옵니다."

영양왕은 을지 대장군의 세세한 전술을 열심히 들었습니다.

"과연 기묘한 전술이로다."

왕은 감탄하며 칭찬했습니다.

을지 대장군은 끝으로, 우리 군사가 적을 이길 수 있는 점을 들어 말하였습니다.

"수 양제는 자기의 호화스런 생활을 위해 백성들을 괴롭혔을

뿐 아니라, 이웃 나라를 치는 일로 더욱 괴롭혀 왔사옵니다. 그러므로 백성들의 뜻이 수 양제의 뜻과 같지 않지만, 우리 고구려의 경우에는 대왕과 백성의 뜻이 완전 일치되어 있사옵니다. 침공해 오는 적을 쳐서 막고 부숴야 한다는 이 한마음이 승리를 가져올 것이옵니다."

영양왕은 고개를 끄덕이며 안심하는 표정을 지었습니다.

# 수 양제

수나라 양제의 천병이란 어떤 군사이며, 그 수는 얼마나 되었을까요?

수 양제의 천병은 국가가 강제로 모은 군사였습니다. 그러나 그 징병 제도는 오늘날의 제도와 다른 점이 많았습니다.

수나라의 군사 제도는 병농 일치로, 병사가 곧 농민이요, 농민이면 누구나 병사가 되어야 하는 것이었습니다.

옛날부터 내려오는 이 병농 일치 제도는, 농민이 군대에 들어가서 훈련을 받고 군인으로 생활하는 것이 아니고, 1년 동안에 섣달(음력으로 12월) 한 달만 군인으로서 훈련을 받으며, 전쟁이 일어났을 때 비로소 군인다운 생활을 하게 되는 것입니다. 그렇기 때문에 그 수효는 대단히 많지만 훈련을 제대로 받은 군인은 극히 적을 수밖에 없었습니다.

수 양제는 고구려가 강한 나라로 발전해 가는 것을 보고, 이를 쳐서 손아귀에 넣으면 이웃의 여러 나라를 마음대로 주무를 수 있으리라 생각했습니다. 그리하여 만만치 않은 고구려를 단숨에 쳐부수기 위해 일찍이 보지 못한 엄청난 군사를 모은 것이었습니다.

양제는 해군을 움직이기 위하여 급히 군함 300척을 만들었습니다. 이 배를 만드는 공인들도 나라에서 강제로 뽑아들였고, 배를 만드는 데 드는 재목과 모든 재료도 농민들이 부담해야 했습니다. 이런 강제 노동에 지쳐서 수많은 사람들이 병들어 죽었습니다.

전쟁에 쓰이는 모든 것을 백성들이 만들어 내야 했습니다.

갑옷과 군막(군대에서 쓰는 장막), 곡식들을 운반하는 행렬이 수백 리, 수천 리에 이어졌습니다. 과중한 노동에 쓰러지는 사람들이 길가에서 신음하다 죽어 그 참혹한 광경은 차마 볼 수 없었습

니다.

"고구려를 쳐서 무얼 한다는 거냐?"

"우리가 밥 먹고 살기도 힘겨운데, 이 짓을 해서 죽게 만들다니 이런 원통한 일이 또 있는가?"

백성들은 이렇게 불평을 했지만, 누구도 제왕의 명령을 어기지는 못했습니다.

전국에서 모은 육군과 수군의 수효는 역사상 보지 못한 엄청난 것이었습니다. 장수가 644명이요, 병졸은 육군만 113만 3800명이었으며, 이 밖에 군량을 운반하는 자들까지 합치면 이 수의 3배나 되었습니다.

이 많은 군사를 46군단으로 나누었으며, 그중에서 22군단은 따로 별동대라 하여 대장군 우문술, 우중문, 형원황, 설세웅과 5명의 장수가 이끌게 했습니다.

이때가 고구려 영양왕 23년(612년) 정월이었습니다.

이윽고 출전하라는 명령을 내릴 때, 수 양제는 장수들에게 각자 정한 곳을 함락시킨 후에는 바로 평양으로 달려가라고 명령했습니다.

수군 대장군 내호아에게도 일렀습니다.

"황해를 건너 고구려 땅에 상륙하거든 바로 평양으로 진격하라."

각 군단이 모두 빨리 평양으로 집결하라는 양제의 명령을 받고 하루에 한 군단씩 출발했는데, 모두 떠나기까지 40일이 걸렸고 그 행렬이 960리에 뻗쳤습니다.

수군은 내호아의 총지휘 아래 산둥을 떠났는데, 이어진 병선의 길이가 200리나 되었습니다.

육군과 수군이 다 떠난 다음, 양제는 어영군의 호위를 받으며 맨 뒤에 출발했습니다.

양제가 가다가 머무는 곳에는 임시로 성을 쌓게 했습니다. 그것은 군막으로 둘러싸서 짓는 성으로, 둘레가 사방 10리에 높이가 100척이나 되는 육합성이란 것이었습니다.

성 위에는 활과 창을 든 군사가 사방을 살피고, 성 안에는 600명의 군사들이 양제를 호위했습니다. 성 한가운데에 찬란한 비단 장막으로 꾸민 화려한 집이 있는데, 이것이 바로 양제가 거처하는 곳이었습니다.

 전쟁을 하러 나와서도 그는 궁전에 있는 것이나 별다름이 없었습니다. 그는 날마다 술과 고기와 귀한 약을 한껏 먹고 마시며 유유히 행진을 했습니다.
 고구려쯤이야 제아무리 급히 군사를 일으켜 대항을 한다 해도, 이 수나라 대군 앞에서는 고양이 앞의 쥐라고 생각했던 것입니다.

# 낭자요

고구려를 향해 진격하는 수나라 군사가 이르는 곳마다 이상한 노래가 불리고 있었습니다. 아이들이 부르는 동요였습니다.

그런데 그 노래를 듣고 있으면 어쩐지 슬픈 생각이 들었습니다.

수야, 수야, 무슨 수냐
차고 맑은 냉수란다.
부처 뒤를 따랐더니
다리 아파 못 살겠네.

친정살이 좋다더니

함박 쪽박 하나 없네.


집 앞에서, 골목에서 아이들은 이 노래를 불렀습니다. 어디를 가도 똑같은 노랫소리가 들려 왔고, 어른들이 아이들을 따라 부르기도 했습니다.

수 양제는 호사스런 행군을 하면서도 이 노래를 듣고 그 뜻을 알아보고 싶었습니다.

양제는 위무사(군사를 위로하는 일을 맡은 사람) 유사룡을 불러 이 일을 물었습니다.

유사룡은 대답을 하지 못했습니다. 자기 역시 이상히 여겼으나, 그 뜻을 알지 못했기 때문입니다.

"아이들이 부르는 노래에는 세상일을 미리 알고 나타내는 것이 없지 않으니, 그 노래의 출처와 뜻을 알아보오."

양제의 명령을 받은 유사룡은 그날부터 이 노래를 부르는 아이만 보면 붙들고 물어보았습니다.

그러나 아이들은 겁을 내어 달아나기가 일쑤요, 그렇지 않더

라도 신통한 대답을 들을 수는 없었습니다. 조사를 하려야 할 길이 없었습니다.

'수야, 수야, 무슨 수냐

차고 맑은 냉수란다.'

이 가사는 별 뜻이 없을 것 같았습니다. 그러나 그 다음이 좀 마음에 걸렸습니다.

'부처 뒤를 따랐더니

다리 아파 못 살겠네.'

냉수와 부처가 무슨 관계가 있단 말인가?

'친정살이 좋다더니

함박 쪽박 하나 없네.'

그리고 맨 끝의 이 가사는 아주 망한 살림을 말하는 것이 아닌가!

바다를 건너고 많은 강을 건너 고구려로 가는 수나라의 군사들······.

그들이 이런 꼴이 된다는 뜻이라면, 이보다 나쁜 노래가 또 있겠는가. 정말 수 양제가 알면 크게 노할 노래였습니다.

유사룡은 양제가 이 노래를 깊이 생각하지 못하게 거짓 보고를 했습니다.

"분부하신 동요에 대해서 알아본 바, 이것은 옛날부터 전해 오는 것으로 여름이 되어 홍수가 나면 죽는 백성이 생기므로 그것을 노래한 것이라 하옵니다."

"분명 그러한가?"

"예, 소신이 여러 사람에게 물어보았사온데, 홍수로 죽는 백성을 노래한 것으로 〈낭사요〉라는 이름까지 있다 하옵니다."

"그렇다면 짐도 그렇게 믿겠노라. 하지만 그 노래는 듣기 싫으니 일체 부르지 못하도록 하라."

이리하여 〈낭사요〉의 금지령을 전국에 내렸습니다.

수 양제는 행군을 계속했습니다. 선봉은 이미 고구려 국경에 이르러, 물밀듯이 고구려 땅으로 쳐들어갈 기세였습니다.

그리고 수군은 이미 황해를 건너 패수(지금의 대동강)에 들어가 평양성을 60리 앞에 두고 배로 진을 치고 있었습니다.

고구려의 운명은 바람 앞의 등불과 같았습니다.

# 싸움은 시작되다

국경을 침범하려는 수나라 군사에 대항할 고구려의 방어선은 서북편에 있었습니다. 수나라 군사를 막기 위해 고구려군은 세 곳을 튼튼히 지키고 있었습니다.

이 세 곳은 제1선이 랴오허 강(遼河, 요하)의 서편이요, 제2선이 압록강 서편, 제3선이 살수(지금의 청천강) 연안이었습니다.

제1선에는 튼튼한 방비를 갖추어, 을지 대장군의 계획대로 여기서 수나라 군사의 사기를 꺾어 놓으려는 것이었습니다.

제2선에는 특히 짐승 소리를 잘 흉내 내는 기성대를 배치하여 수나라 군대의 주장(우두머리 되는 장수)을 달래어 안심시키고,

제3선으로 끌어들여서 을지 대장군이 전부터 계획한 오운택병 전술을 써서 결전을 하려는 것이었습니다. 그런만큼 여기에는 가장 잘 훈련된 3만 명의 군사를 세 곳으로 나누어 배치했습니다.

수나라 군대는 랴오허 강 서쪽에 이르러 대군을 집결하고 강을 건널 준비를 갖추었습니다.

양제는 장수들과 병사들에게 비밀 명령을 내렸습니다. 그것은 전투에서 고구려 왕이나 대장 을지문덕을 발견하면 놓치지 말고 사로잡으라는 것이었습니다. 왕이나 을지문덕을 죽이지 않고 사로잡는 자에게는 후한 상을 내리겠다고 했습니다. 수나라 군사들은 토끼 사냥이라도 나가는 것처럼 마음이 들떠 있었습니다.

이윽고 출진의 북소리······.

수백 척의 배가 군사를 싣기 시작했습니다.

바로 이때, 어디에 숨어 있었는지 고구려 군사들의 화살이 빗발치듯 날아왔습니다. 수나라 군사들은 제대로 눈을 뜰 수가 없었습니다.

둥둥둥······!

북소리가 점점 빠르게 들려왔습니다. 수나라 군사들에게 빨리 강을 건너라는 신호였습니다.

수나라 군사들은 성난 사자처럼 함성을 지르며 배에 올라탔습니다. 그러나 소나기같이 쏟아지는 화살을 피할 길이 없어 도로 언덕으로 기어 올라가 피신하는 자가 있는가 하면, 그냥 배를 저어 가다가 거꾸러지고 물에 빠지는 자도 있었습니다.

몸을 숨기고 화살만 쏘아 대는 고구려 군사를 무시하고 배로 랴오허 강을 건널 수 없다는 것을 수나라 장수는 알았습니다. 그래서 이 첫 싸움에서 큰 손실을 보아서는 안 되겠다는 생각에, 배로 강을 건너는 계획을 변경하기로 했습니다.

배는 적의 눈에 띄어 공격의 목표가 될 뿐 아니라 행동도 빠르지 못하니, 배다리를 놓아 번개같이 한달음에 내달아 강을 건너야겠다는 생각이었습니다.

그러나 고구려군은 이편 강 언덕에 높다란 둑을 쌓고 거기에 활 쏘는 궁수들을 배치해 놓았고, 둑 아래에는 복병을 시켜서 수나라 군사가 언덕을 오를 때 '와아!' 함성을 지르며 쏟아져 나와 그들을 치도록 되어 있었습니다. 이것은 수나라 군사들이 배로 강을 건너지 못하고 밤을 새워 다리를 놓는 것을 보고, 벌써 다음 계획으로 세운 것이었습니다.

　수나라 군사들은 하룻밤 사이에 다리를 완성했습니다. 이것은 물론 배를 엮어 만든 배다리였습니다. 날이 새기가 바쁘게 그들은 천군만마(아주 많은 수의 군사와 군마)로 바람같이 다리를 건넜습니다.

　그러나 고구려 군사는 한 사람도 얼씬하지 않았습니다. 어제

는 빗발치던 화살이 오늘은 단 한 개도 날지 않았습니다. 배다리를 건너온 군사들은 멋모르고 좋아했습니다.

"하아, 고구려 군사들이 제법인가 했더니, 모두 겁쟁이들이로구나. 어제는 화살이 빠르더니, 우리가 다리 놓는 걸 보고 오늘은 화살처럼 빨리 도망쳤군."

수나라 군사들은 이런 소리를 지껄이며 강 언덕을 향해 올라가고 있었습니다.

이때, '와아!' 하는 소리가 천지를 진동하는 것 같더니, 여기저기 땅속에서 창과 칼을 든 군사들이 바람같이 나타나 수나라 군사들에게 달려들었습니다.

뜻하지 않은 일이었습니다. 적이 없는 줄 알고 안심하고 있다가 기습을 당하자, 수나라 군사들은 당황하여 갈팡질팡했습니다. 선봉장이 죽어 넘어지고 장수들이 뒤이어 쓰러졌습니다. 적군은 질서를 잃고 허둥거리다가 대부분 물에 빠지고 창과 칼에 쓰러졌습니다.

실로 이 싸움은 을지 대장군이 중히 여긴 전술의 하나였습니다. 번개같이 시작하여 폭풍같이 적을 쳐부수는 싸움으로, 개천전이라 하는 것이었습니다.

이 첫 싸움에서 패한 것을 안 양제는 심히 불쾌하여 이를 갈며

분해했습니다.

"쥐새끼 같은 놈들! 그런 잔꾀를 부려서 내 천병을 막으려는 건 어리석기 짝이 없는 짓. 어디 두고 봐라!"

서쪽에서 실패를 한 양제의 군사들은 이번에는 동쪽으로 군사를 옮겨 배다리로 강을 건널 계획을 세우고, 전보다 더 넓은 배다리를 놓았습니다. 배다리 공사가 끝나자, 앙심을 품은 수나라 군사들은 나는 듯이 강을 건너왔습니다.

고구려 군사는 용감하게 그들을 맞아 싸웠습니다. 그러나 수가 적은 고구려 군사들이라, 적군은 고구려군을 마치 어린애 다루듯 했습니다. 칼과 창과 화살이 바람을 자르고 북소리가 천지를 울리는 가운데, 고구려 군사는 끝내 적을 당해 내지 못하고 크게 패했습니다.

"누구 앞에서 감히 칼을 든단 말이냐? 천군의 무서움을 알게 해 줄 테니 두고 보아라!"

양제는 의기양양하여 고구려 땅을 휩쓸며 진군을 계속했습니다.

"요동성을 공격하라!"

맨 먼저 점령할 목표가 요동성이었습니다. 그들은 요동성을 향해 가는 도중에 양평성을 손쉽게 점령했습니다.

양제는 양평성 안에 있는 백성들에게 자기의 위엄과 관대함을 보이기 위해 되도록 그들을 해치지 않고, 수나라 제도에 따라 군과 현을 새로 정하고 백성들을 위로했습니다.

그러면서 고구려의 관리들과 유력자들을 데려다가 랴오허 강에서 저희들이 승리한 장소를 보여 주고, 양제가 이동을 하며 머무는 호화찬란한 육합성과 엄중한 경비를 구경시켰습니다.

이것을 본 고구려 사람들은 이제 고구려도 하는 수 없이 수나라의 속국이 되어 지배를 받을 수밖에 없겠다고 생각했습니다.

'고구려는 망한다. 망하는 마당에 이르러 수나라의 비위를 거슬러서 후환을 더 크게 해서는 안 될 텐데.'

양제는 고구려 사람들에게 이런 생각을 갖게 한 다음, 드디어 요동성을 공격했습니다.

요동성의 방비는 튼튼했습니다. 사기가 오른 수나라 군사였지만, 요동성을 함락시키기는 어려웠습니다.

공격대의 장수 염비가 요동성 안의 군사와 백성들에게 말했습

니다.

"고구려군과 백성 중에서 빨리 항복하는 자는 양민으로 대접할 것이요. 대항하는 자는 모조리 죄인으로 다스려 큰 형벌을 줄 것이니. 그리 알라."

그러나 염비의 이 권고는 아무 소용이 없었습니다. 요동성에서는 성벽에 가까이 가는 수나라 군사를 화살로 귀신같이 맞혀 죽일 뿐 아니라. 한꺼번에 달려들어도 성이 높아 넘을 수가 없었습니다.

"그까짓 성 하나를 무너뜨리지 못하고 하루 이틀 시일만 허비하다니. 그게 말이 되느냐?"

양제는 성의 형세를 직접 시찰했습니다. 그리고 나서는 성의 함락이 어렵다는 것을 알고 명령을 내렸습니다.

"요동성은 적은 군사로 공격토록 하고. 대군은 빨리 압록강을 건너 평양성을 함락시키도록 하라."

대군은 드디어 압록강 북쪽에 이르러 강을 건널 준비를 했습니다.

그런데 갑자기 수나라 군사들의 기세가 죽어 있는 것을 본 양제는 이상하게 생각했습니다. 양제는 군사들의 식량이 모자라서 군사들이 제대로 먹지 못했기 때문인 것을 알았습니다.

군량이 벌써 떨어질 리가 없는데도 먹을 것이 없다는 사실을 안 장수 우문술은 크게 걱정했습니다.

우문술은 처음 출발할 때, 군사들에게 100일분의 식량을 짊어지게 했었습니다. 그런데 식량과 무거운 짐을 짊어지고 길을 걷는 군사들은 견디어 내지 못해 식량을 버리는 자가 많았습니다.

우문술은 이것을 막기 위해, 식량을 버리는 자는 엄벌에 처한다는 영을 내렸습니다. 그러나 식량뿐만 아니라 장막과 무기까지 짊어진 군사들은 무거워 견뎌 내지를 못해서 밤중에 몰래 식량을 땅에 파묻기까지 했습니다. 그들은 고구려에 들어가면 어디서든 먹을 것을 구할 수 있으리라고 생각했던 것입니다.

이런 생각으로 상관의 눈을 피해 가며 곡식을 버린 군사들은 이제 양식이 없어 배를 주리게 된 것입니다.

# 수군 총관 내호아

수군 총관인 내호아는 많은 군사를 이끌고 황해를 건넜습니다. 그리고 패수를 거슬러 올라 진을 치고는 세상에 무서운 것이 없는 듯 의기양양하게 평양성을 바라다보았습니다.

평양성도 단숨에 무너뜨릴 수 있을 것 같았습니다. 그러나 육지로 오는 대군이 도달하기를 기다리자는 의견이 많아, 내호아는 잠시 공격을 주저하고 있었습니다.

부총관 주법상이 이렇게 말했습니다.

"평양성은 고구려의 수도라서 어떤 준비를 갖추고 있는지 알 수 없으니, 내정을 탐지한 뒤에 치는 것이 안전합니다. 그리고 머지 않아 육군이 당도할 것이니, 그때 함께 치는 것이 더욱 안전한 길입니다."

주법상은 내호아가 즉시 침공하려는 의견에 반대를 했습니다. 그러나 내호아는 막대한 자기 수군으로 치지 않고 육군이 올 때까지 기다리는 것이 마음에 내키지 않았습니다.

"싸우는 장수가 그렇게 겁이 많아서야 무슨 일을 하겠소? 우리 수군의 위신을 생각해서라도 즉시 공격을 하는 게 당연한 일이오."

내호아는 드디어 공격을 시작했습니다. 공격이 시작되자, 고구려군에서는 건무 왕자가 군사 500명을 거느리고 평양성 60리 앞으로 내호아를 대항하러 나섰습니다.

건무 왕자는 평원왕의 둘째 아들이자 영양왕의 동생으로, 용맹이 있어 적을 두려워하지 않는 젊은이였습니다.

적장 내호아는 건무 왕자의 이 거동을 보고 크게 웃었습니다.

"철없는 장수가 우리의 칼 맛을 직접 보러 나왔군. 얼빠진 녀석 같으니!"

그도 그럴 만했습니다. 수나라 대군이 수도인 평양을 치러

왔는데 500명의 군사로 싸우러 나서는 건무 왕자였으니, 내호아의 눈에는 호랑이 앞에 놓인 토끼만도 못하게 보였을 것입니다.

그러나 부총관 주법상은 생각이 달랐습니다. 몇 안 되는 군사를 거느리고 나와서 싸움을 청하는 건무 왕자의 태도에서 내호아와는 다른 것을 느꼈던 것입니다.

여기에 어떤 계략이 있을지도 모른다는 생각을 한 주법상은

내호아에게 그 뜻을 말하고 싶었으나, 내호아는 너무나 고집이 센 사나이라 그 말을 들어 줄 것 같지가 않았습니다.

내호아는 건무 왕자를 비웃은 다음, 주법상에게 고구려군을 공격하라는 영을 내렸습니다.

건무 왕자는 내호아가 싸움을 청하는 것을 보고, 500명 군사들에게 다시 한 번 말했습니다.

"이제 우리는 적과 싸워 고구려를 구할 때가 왔다. 그대들은 목숨을 아끼지 말고 싸워라. 그러나 그대들에게만 충성을 바라는 것이 아니다. 나 또한 항상 앞장서서 나아갈 것이니, 어떤 일이 있더라도 염려 말고 내 뒤만 따르라."

드디어 건무 왕자가 적진을 향해 달리기 시작했습니다. 500명의 군사 한 사람 한 사람이 모두 선두에 서려는 듯한 용맹으로 건무 왕자를 따라 성난 사자같이 내호아의 군사를 향해 돌격해 갔습니다.

양편 군사가 어울려 싸우기를 몇 번. 마침내 건무 왕자는 평양성 쪽으로 물러나기 시작했습니다. 용감히 싸우던 군졸들도 모두 그의 뒤를 따라 물러났습니다.

내호아는 크게 웃으며 명령을 내렸습니다.

"저것들이 저러고도 군사들이냐? 뒤쫓아 가서 한달음에 평양성을 함락시켜라!"

내호아의 군사들은 신이 나서 건무 왕자의 군사를 뒤쫓아 바람같이 평양성 쪽으로 달려갔습니다.

그런데 건무 왕자의 군사는 달아나다가 휙 돌아서더니 대항을 했습니다.

양편 군사가 다시 한데 어울려 싸우기 시작했습니다. 그런데 얼마 가지 않아 건무 왕자가 또 달아났습니다. 왕자가 달아나는 것을 본 고구려 군사들은 일제히 그를 따라 외성(성 밖에 겹으로 쌓은

성) 안으로 도망쳐 들어갔습니다.

이런 어린애 같은 싸움을 하는 고구려 군사들을 얕본 내호아는 자신만만하게 군사들로 하여금 고구려군의 뒤를 쫓게 했습니다. 그는 이런 빈약한 군대를 가진 고구려가 항복하지 않고 감히 싸우려 드는 것이 가소롭고 아니꼽게 생각되었습니다.

건무 왕자의 뒤를 쫓는 내호아의 군사는 4만이었습니다. 4만의 대군이 아우성을 치며 평양의 외성 안으로 밀고 들어갔습니다. 그런데 성 안은 의외로 조용했습니다. 얼마 안 되는 군사가 대항하기는 했지만, 어디로 숨어 버렸는지 한 명도 보이지 않았습니다.

외성 안에는 내호아의 4만 군사가 내 세상이라는 듯이 들끓고 있었습니다. 평양성을 온통 점령하기라도 한 것처럼 날뛰었습니다.

이때, 갑자기 사방에서 쇠북 소리, 나팔 소리가 울리더니 하늘이 무너지는 듯한 고함 소리와 함께 고구려 군사들이 쏟아져 나와 번개같이 칼을 휘둘렀습니다.

너무나 뜻밖의 일이었습니다. 내호아의 군사들은 독 안에 든

쥐처럼 되어 이리 몰리고 저리 몰리다가 수없이 많은 시체가 되어 땅에 뒹굴었습니다.

이쪽에서 '와아!' 소리치며 군사들이 뛰어나와 맞부딪쳐 싸우려 하면, 저쪽에서 또 '와아!' 함성을 올리며 나온 군사들이 등 뒤에서 마구 창과 칼을 휘둘렀습니다.

내호아의 군사들은 눈앞이 캄캄했습니다. 어디를 어떻게 쳐야 할지, 어디로 해서 이 함정을 빠져나가야 할지 몰라 갈팡질팡 허둥거리기만 했습니다.

내호아는 건무 왕자의 전술에 걸려서 스스로 함정에 들어온 것을 깨달았습니다. 이제 외성에서 빠져나가야 한다고 생각한 내호아의 군사들은 기를 쓰고 달아날 구멍만 찾았습니다.

가까스로 죽음의 함정에서 살아 나온 내호아는 걸음아 날 살려라는 듯, 패수를 따라 내려와서 병선을 타고 서해 바다로 도망쳤습니다.

서해 바다 가운데서 비로소 군사를 조사해 보니, 살아온 자는 장수로는 주법상 외에 두어 명뿐이요, 군사는 1000명가량밖에 되지 않았습니다.

내호아 군대의 이 기막힌 패전은 612년 6월의 일이었습니다.

그 많은 군사를 잃은 내호아는 앞으로 어떻게 양제를 만날까 걱정이 태산 같았습니다.

수 양제는 내호아의 수군이 전멸되었다는 보고를 듣고, 발을 구르며 소리쳤습니다.

"어떻게 싸웠기에 그 많은 군사가 전멸을 당했단 말이냐? 천병의 위신을 깎고 대국의 수치를 만드는 것들!"

랴오허 강을 건너다가 첫 싸움에서 타격을 받고 두 번째 싸움에서 비록 분풀이를 하긴 했지만, 그 후로는 신통한 싸움을 하지 못하고 있는 판인데, 수군이 첫 싸움에서 전멸이 되었다니 이래 가지고는 앞일이 자못 걱정된다고 생각했던 것입니다.

수 양제는 두 번의 실패가 모두 물과 관계가 있는 것을 생각했습니다.

랴오허 강에서의 패전, 패수 가까이에서의 패전……. 미신을 믿는 양제로서는 물이 무섭다는 생각을 아니 할 수 없었습니다.

# 신경전

건무 왕자의 유인 전술이 성공하자, 을지 대장군은 기쁨을 금하지 못했습니다.

오백 명의 정예 부대가 소위 천병이라 뻐기며 들이닥친 대군을 유인하여 큰 타격을 주었으니, 실로 한 사람으로 수나라 군사 백 명, 천 명을 거꾸러뜨린 것과 다름이 없는 일이었습니다.

이제 내호아 수군의 패배로 초조하고 불안해하고 있을 양제에게 신경전을 펴서 큰 성공을 거둘 계획으로 을지 대장군은 기성대를 동원시켰습니다.

고양이, 닭, 개구리, 까마귀, 소, 돼지의 소리를 잘 내는 여섯 명의 기성대 군사를 불러 그들의 임무를 자세히 말한 다음, 목적을 이루고 돌아오기를 명했습니다.

양제가 머무르고 있는 육합성은 밤에도 낮같이 환하게 불을 밝히고 장수들이 오락가락하는가 하면, 때로는 흥겨운 술자리가 베풀어지기도 했는데, 오늘 밤은 유달리 조용했습니다.

양제는 잠을 이루지 못하고 있었습니다. 몇 차례의 패전으로 불쾌하여 잠이라도 들었으면 했지만, 그럴수록 더 잠이 오지 않았습니다.

그리고 어쩐지 자꾸만 물이 무섭다는 생각이 문득문득 드는 것이었습니다. 랴오허 강의 물, 패수의 물, 압록강의 물이 무서운 마귀처럼 자기 앞으로 쏟아져 오는 것 같았습니다.

양제뿐 아니라 우문술과 우중문, 그 밖의 장수들도 잠이 오지 않았습니다.

사방은 쥐죽은 듯 조용했습니다. 이때, 갑자기 닭 우는 소리가 났습니다.

"꼬끼요오~!"

육합성 안에 닭이 있을 리 없는데, 닭 소리가 아주 가까운 데서 몇 번이나 들려왔습니다.

'벌써 새벽인가?'

양제는 속으로 중얼거렸습니다. 장수들은 닭 소리를 듣자 고향 생각이 났습니다.

　이때, 개구리 우는 소리가 들려왔습니다. 장수들은 개구리 소리에도 고향 생각이 났습니다. 그러나 양제는 신경이 한결 더 날카로워져서 짜증이 났습니다.

　그런데 이번에는 '야아옹! 야아옹!' 하는 고양이 소리가 났습니다. 뒤이어 '음매!' 하고 소 우는 소리가 들렸습니다.

　'이상하다. 참으로 이상한 일이다.'

　양제는 물론이요, 여러 장수들도 이제는 두려운 생각이 들었습니다.

　게다가 '꿀꿀꿀!' 하는 돼지 소리가 나더니, 나중에는 '까옥! 까옥!' 까마귀 울음소리가 들려왔습니다.

　이 육합성 안에 돼지는 웬 돼지며, 저 흉하기 짝이 없는 까마귀 소리는 웬일인가?

　'귀신의 짓이다. 이건 틀림없이 흉한 일이 있을 징조다.'

　이런 생각을 한 우문술 이하 장수들은 고구려라는 나라가 만만치 않은 나라임을 깨닫고, 어떻게 싸우지 않고 돌아갈 방도는 없을까 하고 생각했습니다.

'고구려가 화평을 청해 온다면······. 그러면 적당한 조건으로 들어주고 편히 돌아가련마는······.'

장수들은 모두 이런 생각들을 했습니다.

그날 밤, 여섯 명의 기성대 군사는 참으로 어려운 육합성 침입을 감행하여, 그들의 장기인 짐승 소리로 적의 장수와 양제의 마음에 커다란 쐐기를 박아 주고 무사히 돌아왔습니다.

을지 대장군은 기성대의 활약을 칭찬한 다음, 자신은 중대한 일을 실행하기 위하여 신중히 궁리를 하고 있었습니다. 중대한 일이란 아무에게도 말하지 않은 것이지만, 이제는 영양왕께 그 계획을 아뢰어야 한다고 생각했습니다.

그러나 그 일은 아무래도 망설여지는 것이었습니다. 용감한 을지문덕이요, 병학에 대해서 깊이 아는 을지문덕으로서도 이렇게까지 결정을 내리기 힘든 일이란 어떤 것이었을까요?

# 적진에 들어간 을지 대장군

을지 대장군은 영양왕 앞에 나아가 아뢰었습니다.

"소신이 여태껏 칼과 창으로 적을 물리치지 못하고 이렇게 아뢰는 것을 황송하게 생각하옵니다. 소신은 이제 적장에게 편지를 보내어 화평을 청한다 하고 적진에 들어가 그들과 만나려 하오니, 허락해 주시기 바라옵니다."

을지문덕의 뜻을 짐작한 왕은 조용히 고개를 끄덕였습니다. 그러고는 근심스러운 얼굴로 말했습니다.

"그러나 경이 몸소 가야 하겠소?"

"예, 소신이 직접 가야 하옵니다."

"돌아오지 못할까 염려되오."

"반드시 돌아올 수 있을 것이옵니다. 염려하지 마시옵소서."

을지 대장군은 적장 우문술에게 화평을 위해 직접 가서 만나겠다는 편지를 보냈습니다.

'정말 올 것인가? 오기만 하면 싸우지 않고 승리하여 돌아갈 수 있으련만……'

편지를 받은 수나라 진영에서는 이렇게 생각하는 장수들이 많았습니다.

을지 대장군이 드디어 혼자 적의 진지에 나타났습니다. 적장들은 을지문덕이 비록 적의 장수이지만 사신의 예로써 맞이할 수밖에 없다고 의견을 모아, 우문술이 친히 나가서 그를 맞아들였습니다.

을지 대장군은 늠름한 태도로 적진 안에 들어가 장수들과 마주 앉았습니다.

을지문덕은 열변을 토하기 시작했습니다.

"소장은 여러 장군들의 능한 지략과 높은 인격을 깊이 믿습니다. 위로 제왕이 계시고 아래로 백성이 있으나, 이러한 큰 전쟁은 백성들의 뜻이 아니오. 제왕의 뜻으로 결정되는 것이라 하겠습니다. 그런데 제왕의 뜻은 또 재상의 뜻에 따라 변할 수도 있는 것이 아니겠습니까?

귀국은 대국이요 고구려는 소국이온데, 어찌하여 천병을 일으켰습니까? 소국에 잘못이 있다면 먼저 덕(德)으로 능히 잘못을 고치게 할 수 있을 것이며, 그렇게 해서 듣지 않을 때에는 무(武)로써 다스릴 수도 있는 것이 아니겠습니까?

지금 형편을 보면, 큰 수나라가 간단히 할 수 있는 일을 가지고 조그마한 고구려에게 큰 군대를 동원했습니다. 고구려가 아무리 작은 나라라 할지라도 창과 칼을 쥐고 일어선 것은 원해서 한 일이 아니오. 가만히 앉아서 칼을 받을 수 없었기 때문입니다.

그러나 싸움은 피차에 손해가 있게 마련이요, 무고한 백성들의 피를 흘리게 하는 것이라. 소장은 이 일을 평화롭게 처리하는 것이 두 나라를 위해 마땅한 일이라 생각하여 이렇게 달려온 것입니다.

이런 뜻을 살피고 높은 덕을 베풀어 주신다면, 곧 우리 국왕께

아뢰어 귀국의 뜻을 받들도록 하겠습니다."

우문술 이하 그 자리에 있는 모든 장수들은 을지 대장군의 뜻이 옳다고 여겼습니다.

"좋은 생각이오. 그 뜻을 우리 황제께 전하고 힘껏 일을 추진하겠소."

을지 대장군은 이제 되었다고 생각하였습니다. 그래서 그들에게 공손히 절하고 말했습니다.

"그러면, 한시라도 빨리 돌아가 왕께 이 뜻을 전하고 일을 진행토록 하겠습니다."

"좋소. 그렇게 하시오."

우문술이 쾌히 승낙했습니다. 을지 대장군은 우문술에게 청했습니다.

"이왕 이곳에까지 온 터이오니, 천병의 위엄 있는 모습을 한번 보여 주실 수 없겠습니까? 소장에게는 그리 필요한 일이 아니오나, 국왕께 보고할 때에 천병의 위세를 말하면, 우리 국왕께서 빠른 결단을 내리시는 데 큰 도움이 될 것입니다."

적진에 들어와 적의 형세를 보여 달라는 청이었습니다. 실로 대담하기 짝이 없는 부탁이요 외람된 말이었으나, 을지 대장군은 자신 있게 청했던 것입니다.

우문술은 이 청을 쉽게 들어 주었습니다. 직접 을지 대장군을 데리고 영내의 병기와 군량과 여러 가지 군비를 구경시켜 주었습니다. 이럴 즈음, 우중문이 위무사 유사룡에게 말했습니다.

"을지문덕이 이제 곧 떠나려 할 터이니, 그전에 잡아야겠소."

유사룡이 깜짝 놀라 말하였습니다.

"사신으로 온 사람을 잡다니요?"

"황제 폐하의 명령이니 사로잡아 가두어야 하오."

"황제 폐하의 명령은 적장인 을지문덕을 잡으라 하신 것이지, 사신으로서 화의를 하러 온 사람을 잡으라 하신 것은 아니오. 그래서야 대국의 체면이 서겠소?"

이러는 중에 을지 대장군은 우문술의 전송을 받으며 말에 올라 적진을 떠났습니다.

을지 대장군이 떠나고 나니, 우중문은 더욱 화를 내며 그를 잡지 못하게 한 사람들을 공박했습니다.

적의 장수들은 뒤늦게 을지 대장군을 잡아야겠다는 생각으로 아장 녹족('사슴의 발'이라는 뜻) 형제를 불러 을지문덕을 추격하여 잡아 오라는 명령을 내렸습니다.

녹족 형제는 유명한 장사였습니다. 그들이 달려가면 제아무리 무서운 장수라도 데꺽 잡아 올 수 있으리라 생각한 것입니다.

# 기이한 인연

　을지 대장군은 수나라 군영에서 나오자, 압록강을 향해 쏜살같이 말을 달렸습니다. 한참 동안 달리다가, 그는 뒤에서 추격해 오는 적의 장수와 그의 부하들을 보았습니다.

　강가에 이르렀을 때에는 이미 날이 저물었는데, 강에는 배 한 척 없고 뒤에는 적군이 달려오고 있었습니다. 어찌할 바를 모르고 있는데, 이때 강 위쪽에서 작은 배 한 척이 살같이 내려와 을지 대장군이 서 있는 강 언덕 아래로 왔습니다.

　"어서 오르십시오!"

　사공이 소리쳤습니다.

을지 대장군이 배에 오르자, 배는 재빨리 떠났습니다. 뒤쫓아온 적의 장수는 배를 향해 큰 소리로 외쳤습니다.

"장군님, 잠시 멈추시오! 우리 장군께서 한 가지 여쭐 말씀이 있다 하여 모시러 왔습니다."

이 말을 들은 사공이 쩡쩡 울리는 목소리로 대답했습니다.

"을지 대장군께서는 선녀의 배로 떠나시더라고 해라. 두 번 가실 대장군이 아니시다."

을지 대장군은 그제야 그 사공이 다른 사람 아닌 우경 선생의 부인인 군모 아장임을 알았습니다.

"사모님, 어떻게 미리 알고 와 주셨습니까?"

"무사히 돌아오시니 반갑습니다. 죽음의 땅에 가신 장군님이 걱정되어 미리 나와서 기다리고 있었습니다."

군모 아장은 능숙한 솜씨로 배를 저어 무사히 압록진에 도착했습니다.

을지 대장군은 군모 아장을 먼저 돌아가게 하고, 자기는 압록진에서 며칠 머물러 새로운 작전 계획을 세우기로 했습니다.

우문술의 진에서는 큰 야단이 났습니다. 날쌘 장수 녹족 형제도 그를 잡지 못하고 돌아오니, 우문술은 더욱 처지가 난처해져서 즉시 군단장들을 모아 놓고 말했습니다.

"을지문덕은 범상한 장수가 아니오. 솔직히 말해서, 그는 대담 무쌍하고 지략이 비범한 자이며, 고구려는 작은 나라이나 큰 나라에 못지않은 신묘한 힘을 가졌음이 분명하오. 더 싸우면서 세월을 보내느니, 을지문덕을 잡아 고국으로 돌아가도록 하는 것이 옳겠소."

우문술은 지금까지의 자기 주장을 접어 두고 을지문덕을 잡는 데 뜻을 같이했습니다.

"을지문덕을 잡아라!"

"거짓말쟁이의 목을 베라!"

수나라 군사들은 을지 대장군이 있을 만한 곳을 찾아다니며 소리쳤습니다. 그러다가 한 곳에서 고구려 군사들을 만나 싸움을 시작했습니다.

이때, 말 탄 장수가 나타나서 우렁찬 소리로 외쳤습니다.

"우문술 장군이여. 수나라 군사들의 약한 꼴을 구경시켜 주어서 고맙소. 힘이 있으면 싸워 보시오!"

을지 대장군이었습니다. 드디어 양편 군사들은 이리 찌르고 저리 쫓고 하며 열띤 싸움을 벌였습니다.

그러다가 고구려 군사들은 용기를 잃은 듯. 어느새 뒤돌아서서 도망을 치기 시작했습니다.

"추격하라! 을지문덕을 잡아라!"

우문술은 의기양양하여 고구려의 뒤를 추격했습니다.

그러다가 좀 쉬려고 멈추면, 어디서 나타났는지 고구려 군사들이 덤벼들었습니다. 싸움이 시작된 지 얼마 되지 않아. 고구려 군사들은 또 도망을 쳤습니다.

수나라 군사들은 쉬려고 하면 덤벼들고 싸움을 시작하면 도망치는 고구려 군사를 보고. '세상에 저런 약한 군사가 또 있을까!' 하며 한심하게 여겼습니다.

어느덧 평양성 삼십 리 밖까지 뒤쫓아온 우문술의 군사는. 이제부터 평양성을 함락시키고 최후의 승리를 거두어야겠다고 새로운 작전 계획을 세웠습니다.

내호아의 대군이 쳐들어왔다가 전멸당한 곳이었습니다. 이런 곳인만큼 군대를 단단히 편성한 우문술은 용감한 장수를 앞세워야 할 것을 깨닫고, 장수 46명 중에서도 가장 기운이 세고 용감한 녹족 형제를 뽑아 앞장세웠습니다.

녹족 형제는 전날 을지문덕을 잡으려고 압록수까지 추격해 왔다가 뜻을 이루지 못하고 되돌아간 일이 있는 만큼,

이번에는 평양성에서 을지문덕을 잡아 큰 공을 세워 보려고 결심을 단단히 했습니다.

군모 아장은 녹족 형제가 평양성 10리 밖 지점에 진을 치고 있다는 사실을 알자, 을지 대장군을 만나 의논을 했습니다. '사슴의 발'이라는 뜻의 이름을 가진 녹족 형제가 어릴 때 잃어버린 두 아들이 아닌가 알아보러 가겠으니, 거짓 강화사(화평을 의논하는 사신)로 적진에 가도록 허락해 달라고 한 것입니다.

군모 아장은 자기 발이 사슴의 발같이 생겼으며 쌍둥이 아들 역시 그러했다고 하면서, 만일 녹족 형제가 자기 아들이기만 하면 고구려군으로 데려올 계획이라고 말했습니다.

을지 대장군은 군모 아장이 어린 아들 형제를 피신시키려고 중국 사람의 배에 맡겼다가 잃게 된 사정을 들었으므로, 그의 청대로 강화사로 나가게 해 주었습니다.

군모 아장은 용감하게 녹족 형제가 있는 적진에 들어가 그들과 만났습니다. 항복하러 온 사신인 줄 알았던 장수가 여자이며, 그 여자가 자기들의 어머니인 것을 알게 된 녹족 형제는 군모 아장을 붙들고 흐느껴 울었습니다.

며칠 후에 녹족 형제는 아무도 모르게 진영에서 사라져 버렸습니다. 고구려로 달려와 버린 것입니다.

참으로 뜻밖의 일이요, 기이한 인연이었습니다. 이리하여 군모 아장은 두 아들을 찾았고, 고구려는 나라의 일꾼이 될 녹족 형제를 장수로 얻었습니다.

평양성 공격에 자신 있는 장수라 하여 내세운 녹족 형제가 갑자기 사라져 버리자, 수나라 진중은 발칵 뒤집히고 말았습니다.

우문술은 급한 대로 우둔위장군 신세웅을 녹족 형제 대신 보내어 군사를 지휘하게 했습니다.

신세웅이 미처 진영에 도착하기도 전에, 평양성에서는 갑자기 북소리와 함성이 일어나면서 성문이 열리고 수많은 군사들이 쏟아져 나왔습니다.

고구려 군사를 지휘하는 장수는 고승이라는 사람으로 수나라에까지 그 이름이 알려져 우문술이나 신세웅도 이미 잘 알고 있었습니다.

"도적의 무리들은 들거라! 남의 나라에 함부로 들어와 무고한 백성들을 괴롭히고, 이제 존엄한 평양성에까지 감히 어려운 발

길을 들여놓으려 하니, 너희들은 고구려의 칼에 목숨을 보전치 못하리라!"

산천을 울리는 무서운 고함 소리였습니다. 이때 사방에서 난데없이 군사들이 '와아!' 소리치며 일어나, 성 안에서 나온 군사들과 합세하여 적진을 향해 물밀듯이 달려들었습니다. 복병이 일어난 것이었습니다.

수나라 군사들은 미처 장수도 오기 전에 일어난 일이라 갈팡질팡하다가 도망치기 시작했습니다. 고승은 그들을 끝까지 추격하여 곳곳에서 싸워 큰 타격을 주었습니다.

뒤늦게 달려온 신세웅도 이미 대세가 불리하게 된 것을 보고는, 칼 한 번 제대로 써 보지도 못하고 후퇴하지 않을 수 없었습니다.

수나라 군사들이 멀리 도망친 뒤에 고승은 평양성으로 돌아왔는데, 이 싸움에서 큰 승리를 거둔 데에는 수나라를 버리고 고구려로 넘어온 녹족 형제의 영향도 컸다 할 것입니다.

# 살수 대전

　을지 대장군은 녹족 형제로부터 수나라 군사의 형편을 더욱 자세히 알게 되어, 곧 우문술에게 사자를 보냈습니다. 때를 놓치지 않고 그들의 마음을 흔들어 놓기 위해서였습니다.

　이즈음 우문술은 큰 고민에 빠져 있었습니다. 뜻밖에 녹족 형제를 잃어버렸을 뿐 아니라 평양성에까지 가서 고승에게 크게 패했으므로, 장차 어떻게 해야 할지 앞이 캄캄하였던 것입니다.

　싸움에 자신을 잃은 우문술은 아무래도 군사를 거두어 본국으로 돌아갔다가, 강한 군대로 훈련시킨 후에 다시 쳐들어오는 것이 마땅하다고 생각했습니다.

그러나 이런 우문술의 마음을 아는 우중문은 일부러 반발하여 맞서고 있었습니다.

우중문은 을지 대장군이 일부러 여러 번 후퇴한 것을 자기네가 이긴 것으로 잘못 생각하여 우문술에게 반대를 했습니다.

"압록강을 건넌 뒤에 우리는 일곱 번 싸워 일곱 번을 이겼소. 이제 한 번쯤 패한 것이 그리 큰 문제인가요?"

"장군은 앞으로 어떻게 하겠다는 거요?"

"그야 나 혼자 결정할 일이 아니잖소?"

우문술은 목소리를 고치며 말했습니다.

"뚜렷한 승산이 없으니, 일찍 돌아가서 다시 쳐들어올 준비를 하자는 거요."

이와 같이 이러지도 저러지도 못하고 있을 때, 뜻밖에도 을지문덕으로부터 우중문과 우문술에게 편지가 왔습니다. 우중문에게 보낸 글은 한 편의 시였습니다.

신기한 계책은 천문을 통하고
기묘한 작전은 지리를 꿰뚫었도다.

싸움에 이겨 공이 이미 높았으니

만족함을 알거든 그만 멈춤이 어떠할까?

그리고 우문술에게 보낸 글에는 '군사를 거두어 물러가면 왕을 모시고 가서 황제를 뵙겠다.'고 했습니다. 모두 그들을 칭찬하고 또 항복하겠다는 내용같지만, 사실은 그들을 비웃고 희롱하는 글이었습니다.

우중문은 다 읽고 나서 불쾌한 표정을 지었습니다. 우문술이 우중문에게 말했습니다.

"이 시는 장군을 칭찬한 것이오. 게다가 항복하겠다고도 말하지 않았소?"

"모르시는 말씀이오. 이 시는 나를 조롱한 시요. 항복하겠다는 것도 믿을 수 없소. 을지문덕은 전에도 거짓 항복을 하고 우리를 속였소. 나쁜 놈이오!"

우중문은 분한 듯 을지 대장군을 욕했습니다.

그러나 우문술은 속으로 생각했습니다.

'우리를 속인 을지문덕이 나쁜 게 아니다. 우리가 먼저 싸움을 걸어 그들을 괴롭혔으니, 더 큰 잘못은 우리에게 있다고 할 수 있다.'

사실 그러했습니다. 자기 나라를 침범한 적에게 대항하여 그들을 쳐 물리치려는 마당에 무슨 방법인들 못 쓰겠습니까? 그리고 싸움이란 반드시 적군의 목숨을 빼앗는다고 승리하는 것은 아닙니다. 적의 목숨을 빼앗지 않고서도 이길 방도를 찾아낼 수 있고, 그러기 위해서 적을 속여 물리칠 수도 있는 것입니다.

을지 대장군이 거짓으로 항복하는 체하거나, 싸움에서 지는 체하고 도망치면서 적을 끌어들여 한꺼번에 큰 타격을 준 평양성의 싸움도 역시 그러한 방법에서 행한 것입니다.

우문술은 이러한 을지문덕 장군의 군사와 싸우다가는 계속 패배의 쓴맛만 볼 뿐이라 생각하고, 드디어 후퇴를 결심했습니다.

겉으로는 을지문덕의 항복의 뜻을 내세우고, 속으로는 분한 마음을 꾹 누르며 고구려에서 빨리 돌아가려고 한 것입니다.

드디어 수나라 군사들은 몇 부대로 나뉘어 살수를 향해 행군을 시작했습니다.

을지문덕의 군사들은 북으로 북으로 퇴각하는 수나라 군사들을 뒤에서 혹은 옆에서 공격하며 끊임없이 괴롭혔습니다.

그러나 수나라 군사들은 대항해 싸울 생각은 없고 빨리 자기네 나라로 돌아가는 것만이 소원이어서, 집적거리는 고구려 군사를 이리저리 피하며 살수를 향해 내닫고 있었습니다. 이윽고 살수에 이르렀습니다. 그런데 수나라 대군은 강을 건널 배 한 척 없고 다리를 놓을 경황도 없었습니다.

"상류로 올라가면 물이 얕을 것이니, 상류에서 그냥 건너기로 하자."

수나라 대군은 상류를 향해 올라갔습니다.

한 곳에 이르니, 강물을 걸어서 건너는 몇 명의 스님이 보였습니다. 스님들은 바지를 걷고 허리에까지 차는 물을 건너가고 있었습니다.

"이제 됐다!"

이 광경을 멀리서 바라본 수나라 군사들은 스님들이 건너간 데로 가서 일제히 강물에 들어섰습니다.

그런데 얼마쯤 들어간 군사들이 강물에 떠내려가기 시작했습니다. 강물이 몹시 깊었던 것입니다. 게다가 흐름이 매우 급해서 군사들은 도로 나오기도 어려워 물에 떠내려가면서 아우성을 쳤습니다.

이때, 강기슭에 숨어 있던 고구려의 복병이 함성을 지르며

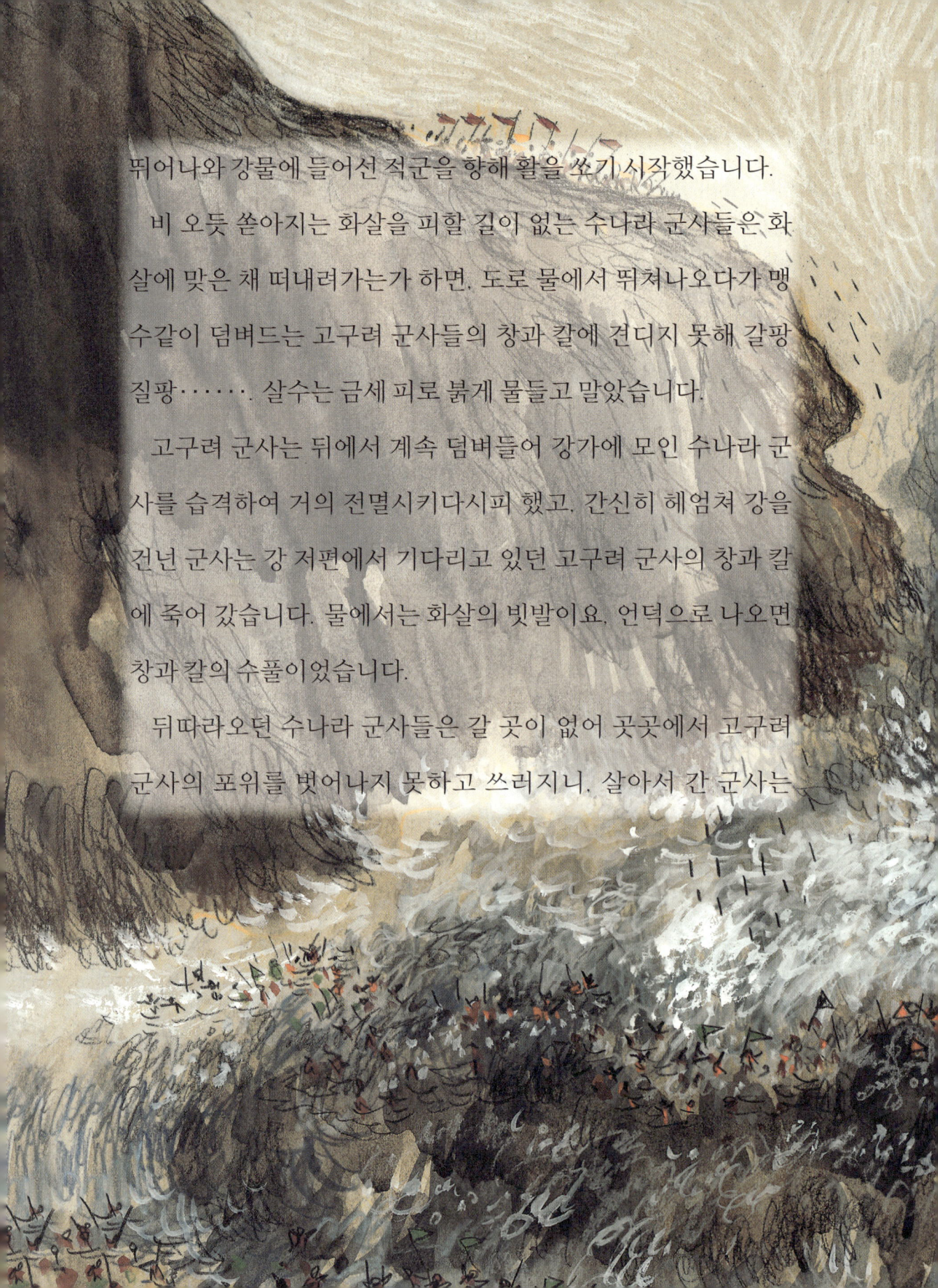

뛰어나와 강물에 들어선 적군을 향해 활을 쏘기 시작했습니다.

비 오듯 쏟아지는 화살을 피할 길이 없는 수나라 군사들은 화살에 맞은 채 떠내려가는가 하면, 도로 물에서 뛰쳐나오다가 맹수같이 덤벼드는 고구려 군사들의 창과 칼에 견디지 못해 갈팡질팡……. 살수는 금세 피로 붉게 물들고 말았습니다.

고구려 군사는 뒤에서 계속 덤벼들어 강가에 모인 수나라 군사를 습격하여 거의 전멸시키다시피 했고, 간신히 헤엄쳐 강을 건넌 군사는 강 저편에서 기다리고 있던 고구려 군사의 창과 칼에 죽어 갔습니다. 물에서는 화살의 빗발이요, 언덕으로 나오면 창과 칼의 수풀이었습니다.

뒤따라오던 수나라 군사들은 갈 곳이 없어 곳곳에서 고구려 군사의 포위를 벗어나지 못하고 쓰러지니, 살아서 간 군사는

얼마 되지 않았습니다.

우문술이 살수를 건너 요동으로 가서 남은 군사를 점검해 보니, 겨우 2700명밖에 되지 않았습니다.

수 양제는 이 기막힌 패전을 보고 발을 구르며 불같이 화를 냈습니다. 대군을 다 잃은 양제는 우문술과 우중문을 처벌했습니다. 우문술은 군의 비밀을 적군 장수에게 보여 주어서 적을 도운 죄요. 우중문은 제왕의 명령을 받고 있으면서도 을지문덕을 잡지 않고 돌려보낸 죄였습니다.

목에 칼(죄인의 목에 씌우던 형틀)을 씌우고, 발목에 쇠사슬을 채운 모습으로 거리를 걷게 했습니다. 백성들이 그 모습을 보고 죄인이라고 손가락질하게 하려는 것이었습니다.

양제는 자기의 죄는 생각지 않고 장수들에게 책임을 돌렸으며, 유사룡은 즉시 목을 베어 벌했습니다.

그러고도 양제는 물을 여전히 두려워했습니다. 랴오허 강과 살수의 대패가 모두 물에 의한 것이었습니다. 수군의 전멸도 역시 물과 관계 있는 것이었습니다. 아이들이 부르던 〈낭사요〉는 곧 양제 자신의 신세를 그대로 나타낸 것만 같았습니다.

# 양제의 재침과 을지 대장군

수 양제는 자신의 위신이 땅에 떨어지고, 옳은 정치를 못한 탓에 백성들이 도탄에 빠져 원성이 방방곡곡에서 일어나는 것을 보고 여러 가지로 그 해결책을 궁리했습니다.

사치한 생활과 타락한 즐거움에만 파묻혀 백성들의 살림을 생각해 본 일이 없는 포악한 양제였습니다. 수많은 농민들을 끌어내어 천병이라는 군사를 만들어 요동 땅과 살수 물에 장사 지낸 그로서는 고구려가 극악한 나라요, 고구려를 그냥 두었다가는 나라에 큰 환난이 오고야 만다는 구실을 내세워, 고구려 재침을 결행하는 것이 가장 유리한 길이라고 생각한 것입니다. 그래서 고구려를 다시 치기 시작했으니, 이때가 613년 봄이었습니다.

양제는 싸움에 진 책임을 물어 형벌을 주고 내쫓았던 우문술을 다시 불러 육군 총지휘관으로 삼고, 평양성에서 건무 왕자에게 죽을 뻔했다가 도망쳐 온 내호아를 수군 총지휘관으로 삼아서, 새로 군사를 뽑아 다시금 고구려 원정의 길을 떠난 것이었습니다.

양제는 우문술의 육군 부대를 거느리고 랴오허 강을 건너 요동 지역에 이르렀습니다. 우문술은 먼저 왕인공이라는 장수로 하여금 신성을 치게 했습니다.

이때, 을지 대장군은 미리 중요한 장소마다 군대를 두어 대기시키고 있었습니다. 왕인공이 도착하여 신성을 공격했으나, 굳게 닫힌 성 안에서는 아무런 기척도 없었습니다. 성벽이 하도 높아 넘어 들어갈 수가 없으므로 성문을 깨뜨릴 듯이 밀고 들어가도, 성에서는 아무런 대항을 하지 않았습니다.

왕인공은 사흘 동안 공격을 계속하다가, 드디어 높은 사다리를 만들어 성벽에 걸치고 올라가 보았습니다. 이상한 일이었습니다. 성 안에는 사람이라고는 보이지 않고 죽은 듯이 조용했습니다.

'하아! 우리가 빈 성을 가지고 여태껏 싸웠구나!'

왕인공은 신중을 기한다는 것이 그만 부끄러운 일이 되고 말았다고 뉘우쳤습니다.

이때. 성문 위에 한 소년이 나타나 활을 겨누며 외쳤습니다.

"저기 앉은 새는 못 보던 새로구나. 어디 내 화살 맛 좀 보아라!"

왕인공은 미처 몸을 피할 겨를도 없었습니다. 가슴에 쾅 박히는 살에 그만 고꾸라지는데. 또 하나의 살이 날아와서 성벽 아래로 떨어지는 그의 등에 박혔습니다. 왕인공이 단번에 죽자, 수나라 군사들은 크게 당황했습니다. 참으로 놀라운 일이었습니다.

이때 성 안에서 무서운 함성이 일어나며 사방의 성문이 일제히 열리더니. 창과 칼을 번쩍이며 고구려 군사들이 쏟아져 나왔습니다.

며칠 동안을 싸우라는 명령만 기다리고 있던 고구려 군사들이었습니다. 적의 장수가 성벽에 올라갔다가 화살에 맞아 떨어지자. 벌 떼같이 나타난 고구려 군사들의 창칼과 화살에 수나라

군사들은 피를 뿌리며 쓰러졌습니다.

처참한 백병전(창이나 칼을 가지 맞붙어 싸우는 육박전)이 한동안 성 밖에서 계속되었습니다. 그때, 성문 위에서 왕인공을 쏘아 죽인 소년이 적군 앞으로 말을 달려 나왔습니다.

"화살을 원하는 놈은 이걸 받아라!"

소년은 말 위에서 활을 쏘았습니다.

적의 장수 하나가 또 말에서 떨어졌습니다. 왕인공을 대신하여 싸움을 지휘하던 장수였습니다.

지휘관을 잃어버린 수나라 군사들은 완전히 기운을 잃고 이리저리 밀리다가, 드디어 도망을 치기 시작했습니다.

활을 쏜 소년은 신성의 고구려군을 지휘하는 양대 왕자였습니다. 겨우 열아홉 살의 젊은 양대 왕자는 영양왕의 둘째 아우로, 나이에 비해 모든 면이 숙성했습니다.

　양대 왕자는 신성의 성주가 되어, 적의 움직임을 세세히 살폈습니다. 적의 공격을 받고도 사흘 동안 죽은 듯이 엎드려 있다가, 비상한 활 솜씨로 적의 장수를 쏘아 죽이고 일제히 공격하도록 했던 것입니다.

　소년 장수 양대 왕자에게 패하여 퇴각한 수나라 군사의 소식을 들은 양제는 눈에서 불이 나는 것 같았습니다.

조그마한 성 하나를 함락시키지 못하고 쫓겨오는 자기네 군사가 밉기도 했지만,

속으로는 고구려란 참 괴상한 힘을 가진 나라라는 생각에 불안과 공포가 벌써 머리를 스치는 것이었습니다.

"신성 따위 작은 성을 함락시키지 못하다니! 그래 가지고도 내 군사라 하겠느냐? 이제 모든 군사는 먼저 요동성을 쳐라!"

양제는 스스로 대군을 지휘하여 요동성 공격에 나섰습니다.

그런데 요동성 역시 적의 공격에 대항하지 않고 성문을 닫아 걸고 있었습니다. 얼른 대항하지 않는 것이 고구려군의 전법임을 안 양제는, 이젠 그런 꾀에 넘어가지 않는다고 장담하며 흙을 담은 부대를 쌓아서 성벽을 향해 길을 만들게 했습니다.

흙을 담은 부대를 쌓아서 만든 널찍한 길이 성벽 위에까지 닿게 되었습니다.

양제는 팔륜거(바퀴가 8개 달린 수레)를 굴려 성벽 위에서 성 안을 향해 빗발치듯 활을 쏘아 보냈습니다. 그러나 여전히 고구려 군사는 보이지 않았습니다.

"빈 성이라도 좋다. 군사가 숨어 있으면, 있는 대로 잡아 죽이면 된다. 자, 일제히 성을 넘어 들어가라!"

양제가 명령을 내리자, 적군은 물밀듯 성을 넘어 들어갔습니다. 그래도 성 안은 여전히 조용했습니다.

그러나 이내 이상스러운 소리가 나며, 성 아래로 난 수구문(물이 흘러 나가는 곳에 있는 문)에서 갑자기 물이 쏟아져 나왔습니다. 물은 성 밖으로 흘러 나와 양제가 쌓아 만든 흙 부대 길을 무너뜨리고, 군사들이 발 붙일 자리도 없이 넘쳐 흘렀습니다. 물에 시체들이 떠내려왔습니다. 양제의 군사들이었습니다.

"이게 대체 어찌 된 괴변이냐?"

양제와 우문술이 대책을 세우기에 골몰하고 있을 때, 성 안에서 비로소 우렁찬 함성과 요란한 북소리가 나며 고구려의 대군이 쏟아져 나왔습니다. 성 안에 먼저 들어간 수나라 군사들은 거의 전멸이 되어 물에 떠내려가기도 하고, 혹은 길바닥에 쓰러져 있기도 했습니다.

수나라는 여기에서도 크게 패하여, 남은 군사를 모아 이끌고 랴오허 강 쪽으로 도망쳐 가고 말았습니다.

이렇게 고구려를 다시 치러 왔다가 패한 것도 분한데, 더욱 놀라운 소식이 양제에게 전해졌습니다. 나라 안에 큰일이 터지고만 것이었습니다.

무리하게 전쟁을 일으켰다가 무고한 백성들을 수없이 죽게 하여 국력이 약할 대로 약해진 것을 안 양현감이란 자가, 양제에게 반기를 들고 반란을 일으켰다는 소식이었습니다.

양제는 나라 안에서 일어난 일이 더 급해서 총퇴각의 명령을

내렸습니다.

고구려 군사는 퇴각하는 수나라 군사를 뒤쫓아 곳곳에서 그들을 치고 괴롭혔습니다. 결국 양제는 가까스로 목숨만 건져 돌아갔습니다.

수나라 대군을 곳곳에서 무찔러 그들의 야망을 꺾고 고구려의 힘을 천하에 떨쳐 보여 준 을지문덕 장군은 참으로 하늘이 내신 명장이었습니다.

을지 장군으로 말미암아 중국에서는 수나라가 마침내 망하고, 당나라가 새로 생기게 되었습니다.

을지문덕 장군은 가난한 농민의 아들로 태어나 산에 들어가 공부하고, 뒤에는 무인으로서 나랏일에 힘썼습니다.

그러다가 수나라의 대군이 침입했을 때, 그들과 화친하자는 의견에 반대하면서 용감하게 싸워 물리쳐야 한다고 주장하여 대장군의 지위로 싸움터에 서게 된 분입니다.

을지문덕 장군은 남의 나라를 쳐서 도둑질하려는 수나라 군사를 갖은 전술과 방법으로 곤란한 경지에 빠뜨려 전멸시켰습니다.

세상 사람들은 을지문덕 장군을 가리켜 혼자서 여덟 사람의 일을 해낸 장수라고 했습니다.

1. 처음에 우문술에게 편지를 낼 때에는 항복하는 사람
2. 우문술의 진중에 들어가서는 비록 무장이면서도 말솜씨로 적을 누른 외교가
3. 웅변으로 적의 장수를 녹여 놓고 적진을 살필 때에는 첩자
4. 우문술의 진영에서 나와서는 도망자
5. 장차의 승리를 위해 몇 번씩이나 패하면서 후퇴할 때에는 패장(패한 장수)
6. 적을 목적한 대로 끌어들인 후에 시를 써서 적의 장수를 놀려 준 시인
7. 우문술이 도망하여 살수를 건너려 할 때에는 스님을 부리는 부처(그때 강을 건넌 스님은 사실은 서서 발로 헤엄을 치는 군사들이었다)
8. 적군이 살수를 건넌 뒤에는 돌격 장군

　　이렇게 여러 면으로 활약하여 큰 승리를 거둔 을지문덕 장군

은 그야말로 지략과 술수에 능한 용맹스런 장수임에 틀림없습니다.

을지문덕 장군은 글과 무예에 능한 인격자였습니다. 그 인격과 재능을 고구려를 위해 아낌없이 바쳤기 때문에 수나라 대군을 보기 좋게 물리칠 수 있었던 것입니다.

당시 삼국 시대에는 같은 민족이면서도 나라가 달라 서로 전쟁이 많았습니다. 그러나 을지문덕 장군은 우리 민족이 아닌 외적과 싸워 우리의 힘을 세계에 떨친 점에서 공이 더욱 빛나는 것입니다.

이원수 선생님이 들려주는 **을지문덕**

제1판 제1쇄 발행일 2003년 10월 30일
개정판 제1쇄 발행일 2014년 4월 10일
개정판 제2쇄 발행일 2022년 10월 20일

글쓴이 · 이원수
그린이 · 허구

펴낸이 · 곽혜영
주　간 · 오석균
편　집 · 최혜기
디자인 · 소미화
마케팅 · 권상국
관　리 · 김경숙
펴낸곳 · 도서출판 산하 | 등록번호 · 제300-1988-22호
주소 · 03385 서울특별시 은평구 연서로26길 27. 대한민국
전화 · (02)730-2680(대표) | 팩스 · (02)730-2687
홈페이지 · www.sanha.co.kr | 전자우편 · sanha0501@naver.com

글ⓒ이정옥. 2003

ISBN 978-89-7650-426-5 74810
ISBN 978-89-7650-610-8 (세트)

* 이 도서의 국립중앙도서관 출판시도서목록(CIP)은 e-CIP홈페이지(http://www.nl.go.kr/ecip)와
　국가자료공동목록시스템(http://www.nl.go.kr/kolisnet)에서 이용하실 수 있습니다. (CIP제어번호 : CIP2014009607)
* 이 책은 저작권법에 따라 보호받는 저작물이므로 무단 전제와 무단 복제를 금합니다.
* 8세 이상 어린이를 위한 책입니다.